레볼루션: 어린양의 혁명

THE LAMB'S REVOLUTION
레볼루션: 어린양의 혁명

Copyright ⓒ 2012 by Scott Brenner
First published in 2012 in Korea by Herald Books
Korean translation rights arranged with Herald Books

이 책의 저작권은 독점 계약한 헤럴드 BOOKS에 있습니다.
신저작권법에 따라 한국 내에서 보호를 받는 저작물이므로
무단전재와 무단복제를 금합니다.

THE LAMB'S REVOLUTION
레볼루션: 어린양의 혁명

2012년 6월 20일 초판 1쇄 발행
2012년 7월 25일 초판 2쇄 발행

지은이 | 스캇 브래너
옮긴이 | 레위지파 영어 번역부
디자인 | 스캇 브래너, 윤예영
교정 및 검수 | 레위지파 문서사역팀
펴낸곳 | 헤럴드 BOOKS
펴낸이 | 박성희
등록 | 2012년 6월 5일 제2012-000057호
주소 | 경기도 성남시 분당구 운중로 176 203호
전화 | 02-539-5769
팩스 | 031-8016-0511
이메일 | heraldbooks153@gmail.com
ISBN | 978-89-97903-00-9-03230

잘못된 책은 바꿔 드립니다.
책값은 뒤표지에 있습니다.

스캇 브래너 지음

CONTENTS

1 Revolutionaries Think Differently
혁명가는 다르게 생각한다…8

2 Revolutionaries Are Volunteers
혁명가는 자원한다…22

3 Hearts on Fire
불붙는 마음…42

7 What Sort of Revolution Does a Lamb Lead?
어린양이 이끄는 혁명은 어떤 것인가?…114

8 Invading the Culture
문화에 침투하다…130

9 The Revolutionary's Reward…148
혁명가가 받는 상급

4 Revolutionaries Are Awake
혁명가는 깨어있다 ...62

5 Revolutionaries are Marked
혁명가는 표시된다 ...76

6 어린양의 혁명 The Lamb's Revolution ...98

10 Live Your Message
메시지대로 살라 ...168

서문

여러분은 기독교가 '혁명적'이라고 생각하십니까? 만약 그렇다면 왜 그렇습니까? 아니라면 왜 그렇지 않다고 생각하십니까? 사람들은 기독교인이 되는 것에 대해 저마다 다양한 생각을 합니다. 기독교 단체를 가장 먼저 떠올리는 분도 있을 것입니다. 또 어떤 분은 종교적인 교리나 실천에 대해 생각할 것입니다. 그렇다면 우리는 기독교가 그 자체로 '혁명적'이라고 말할 수 있을까요?

저는 기독교가 혁명적인 삶의 방식임을 전적으로 확신합니다. 여러분도 이미 그렇게 생각했을 수 있겠습니다. 이 책 《어린 양의 혁명》이 쓰인 목적은, 전 세계 사람들이 하나님의 어린양을 혁명적으로 따르는 자로 준비되도록 하는 데 있습니다.

'혁명'이라는 단어를 들었을 때, 여러분은 보통 무엇을 떠올리십니까? 과학적, 사회적 혹은 정치적 혁명을 떠올릴 수 있을 것입니다. 어떤 혁명은 사회 전반에 긍정적인 결과를 가져오지만, 어떤 혁명은 반사회적이며 부정적인 결과를 가져오기도 합니다. 애석하게도, 역사를 살펴보면 모든 혁명이 항상 진실하고 위대한 목적을 위한 것만은 아님을 너무나 자주 볼 수 있습니다.

그럼에도, '혁명가들은 다르게 생각한다'는 것은 사실입니다. 진짜 혁명가를 구별 짓는 특성이 바로 이것입니다. 혁명가에게 신념은 결코 학문적이거나, 말 뿐인 것이 아닙니다. 혁명가는 자기가 추구하는 진리에 완전히 빠져듭니다. 혁명가는 확신과 열정을 가지고, 자신이 외치는 메시지대로 살아갑니다.

넓은 의미에서 혁명이라는 단어는 생각이나 행동의 극적인 변화, 혹은 두 가지 모두를 의미합니다. 초기의 기독교는 혁명적이었습니다. 예수님을 따르던 사람들의 믿음과 행동에 극단적인 변화를 가져왔습니다. 예를 들어 우리는 복음서를 읽으면서, 제도적 형태의 기독교 그 이상의 것들을 보게 됩니다. 우리는 담대하고 극적인 것들을 보게 됩니다. 무언가 혁명적인 것을 분명히 볼 수 있습니다.

이렇듯 예수님은 우리 각자를 제자로서 담대하고 혁명적인 삶으로 부르십니다. 기독교인이 되는 것은 혁명가가 되는 것입니다. 왜냐하면, 예수님이 변화의 시작을 알리기 위해 오셨기 때문입니다. 예수님은 우리의 삶을 바꾸기 위해 오십니다. 예수님은 극단적으로 예수님을 따르고, 극단적으로 세상을 바꾸는 자들이 되도록 우리를 부르십니다.

이 책은 예수 그리스도, 하나님의 어린양을 열정적으로 따라가는, 평생에 걸친 여정으로의 초대입니다. 이제 여정은 시작되었습니다. 또한, 영원토록 계속될 것입니다. 무엇보다 우리 각자는 먼저 예수님이 진정 누구이신지를 깨닫는데 이르러야 합니다. 그렇게 되면, 예수님을 열심히 추구하는 것이 자연스럽고 당연한 것이 됩니다. 지금 우리가 하나님의 어린양과 열정적으로 사랑에 빠지는 것을 배운다면, 우리는 영원토록 그분을 기쁘게 따를 것입니다.

1 혁명가는 다르게 생각한다

Revolutionaries Think Differently

1

Revolutionaries Think Differently
혁명가는 ㅏㄴ르ㄱ 생각한다

Re·vo·lu·tion [|revə|luːʃn] 레ː볼ː루ː션ː
① 사고 또는 행동의 급진적인 변화 / ② 구심점을 중심으로 돌아가는 바퀴와 같이 완전한 원을 이루는 운동 / ③ 통치자를 바꾸거나, 정치적 구조를 뒤집는 것 / ④ 다른 천체의 주위를 도는 위성이나 행성의 궤도를 따르는 공전 운동 / ⑤ 협곡의 생성과 같은 큰 변화가 일어나는 지각 변동기

Re´vo´lu´tion 레:볼:루:션:

혁명이라는 단어는 그 쓰임과 정의가 다양하다. 그리고 그만큼 남용될 수 있는 단어이기도 하다. 무엇이든지 '혁명적인'이라고 일컫는 것이 거의 유행처럼 되어버렸다: 요즘은 어떤 활동이나 상품에 '혁명적'이라고 붙어야 마무리가 되는 것 같다. 커피의 혁명, 세제의 혁명, 치약의 혁명 — 무엇이든 말이다. 이렇게 흔하기는 하지만, '혁명'은 좋은 단어이다. 또한, 이 책의 메시지에 대하여 잘 설명해 주는 단어라고 생각한다.

혁명은 비교적 짧은 기간 동안 일어나는 힘이나 구조의 근본적인 변화 또는 변동을 의미한다. 영어에서 혁명이라는 단어는 '돌아서다'라는 뜻의 라틴어 '레볼루티오 revolutio'에서 왔다. 그리스의 철학자 아리스토텔레스는 정치적 혁명에서 근본적인 두 가지 형태를 설명했다. 한 가지 형태는 기존과는 완전히 다른 새로운 체제로의 변화이고, 다른 한 가지는 현존하는 기존 질서체제에 대한 수정이다.

The Copernican Revolution
코페르니쿠스의 혁명 (지동설)

혁명 revolution이라는 단어는 AD 1543년 르네상스 시대의 천문학자 니콜라스 코페르니쿠스 Nicolaus Copernicus가 자신의 논문 <천체의 회전에 대하여 On the Revolutions of Celestial Bodies>에서 사용하여 유명해졌다. 코페르니쿠스는 자신의 논문에서 기존의 천체 이론과는 반대로 지구가 태양 주위를 공전한다는 것을 명확하게 제시했다. 그의 업적은 과학계에 혁명의 불을 지폈다. 현대 과학의 영역에서 이른바 코페르니쿠스 법칙이란, 기존의 사물을 보던 관점으로부터 더욱 새롭고 정확한 방식으로 자연법칙을 이해하는 혁명적 인식의 **전환**을 일컫는다.

코페르니쿠스의 과학적 돌파는 지구가 우주의 중심이 아니라는 것을 깨닫게 해주었다. 오히려 지구는 하나님이 놀랍게 창조하신 방대한 우주의 일부로서 존재한다는 것을 알게 해주었다. 코페르니쿠스를 비롯한 그 시대 과학자들은 헌신된 기독교인들이었다. 그들의 창조 질서에 대한 연구는 창조주에 대한 관점을 약화시켰던 것이 아니라, 오히려 창조주의 천재성에 대한 감탄을 고조시키고 확장시켰다. 초기 과학자들이 우주를 탐구했던 동기는 하나님의 창조 질서를 더 잘 이해하기 위해서였다.

혁명가들은 다르게 생각한다. 코페르니쿠스는 그러한 혁명가였다. 그는 의도적으로 다른 렌즈를 통하여 하나님의 우주를 보았다. 그는 기존의 체제가 잘못되어 바로잡을 필요가 있다고 생각했을 때, 이에 대하여 도전하는 것을 두려워하지 않았다.

레볼루션:
어린양의 혁명 THE LAMB'S REVOLUTION

The Glorious Revolution
명예혁명

혁명이라는 단어가 정치적인 의미로 처음 널리 사용되었던 것은 AD 1688년 영국의 명예혁명 당시였다. 이 시기는 신교도였던 윌리엄 3세가 로마 가톨릭 신자였던 제임스 2세를 몰아내고 국왕으로 재위했던 기간이다. 이 혁명은 영국에서 로마 카톨릭의 세력이 재건될 기회를 영원히 종식했다. 오늘날까지도 영국의 군주가 로마 가톨릭 신자가 되는 것은 법적으로 금지되어 있다.

다른 혁명적 개혁들은 영국 왕정의 중요성을 약화시켰고, 영국 의회에서 구현된 민주주의 원칙들에 더 큰 중요성을 실어주게 되었다. 영국 권리장전 역시 1688년 명예혁명 기간에 시작되었고 작은 정부, 정기적인 의회 선거, 언론의 자유 등과 같은 민주주의 원칙들이 이 시기에 수립되었다.

1688년 명예혁명의 사상은 역시 혁명가였던 철학자 존 로크 John Locke의 사상을 반영한 것이었다. 그는 다른 혁명가들과 마찬가지로 다르게 사고하는 사람이었다. 그의 혁명적인 사상은 현대 민주주의 가치를 형성하는데 영향을 주었다.

대부분의 진짜 혁명들은 과학 영역, 정치 영역, 또는 영적인 영역 어느 것이나 위에서부터 아래로 향한 것이 아니라, 그 문화 가운데서 움트며 자라난 풀뿌리 운동에서 기원한 것이다. 그래서 대개 혁명가들은 사물의 진실이 무엇이며, 어떠해야 옳은지를 볼 수 있는, 신선하고도 비범한 안목을 가진 평범한 보통 사람들이다. 혁명가들은 다른 사람들이 (처음에는) 보지 못하는 것들을 본다.

1 혁명가는 다르게 생각한다

The Lamb's Revolution
어린양의 혁명

예수 그리스도는 혁명가이다. 하나님의 아들, 바로 그 우주의 창조자가 세상에 와서 우리와 같은 사람이 되셨다. 말구유에서 태어나 나사렛 변두리에서 자랐으며, 보란 듯이 오지 않고 겸손하게 우리가 사는 세상 가운데 오셨다. 예수님은 극단적으로 다른 사고와 다른 삶의 방식으로 자신을 따르라고 우리를 부르심으로써 우리의 추측에 도전을 주신다. 예수님은 우리가 가지고 있는 기존 체제를 옹호하지 않고, 오히려 지적하신다. 그러므로 극단적으로 예수님을 따르기 위해서는 우리 자신의 현재 상태에 대한 극단적인 변화가 필수적이다. 예수님은 **우리를** 변화시키기 위해서 세상으로부터 불러내신다. 그리고 **세상을** 변화시키기 위해 우리를 다시 **세상으로** 되돌려 보내신다.

코페르니쿠스가 기존의 자연적 세계관에 도전하였듯이, 예수님은 우리의 영적 세계관에 있어 반드시 교정되어야 하는 부분에 대해 지적하시고 도전을 주신다. 우리는 우리가 우주의 중심이 아니라는 것을 깨달아야 한다. **예수님이 중심이다.** 예수님은 삶의 모든 순간을 그리스도 중심으로 살도록 우리의 세계관에 영적 전환을 일으키신다. 그는 흥하여야 하고 우리는 쇠하여야 한다.

부르심 The Call

예수 그리스도와의 관계는 부르심에서 시작된다. 예수님은 '나를 따르라'고 우리를 부르신다. 복음서에는 각 사람에게 모든 것을 버리고 '나를 따르라'고 하시는 예수님의 부르심이 여러 번 나타나 있다. 예수님은 갈릴리의 어부 네 명에게 말씀하셨다. "나를 따르라. 너로 사람을 낚는 어부가 되게 하리라." 그들은 그 즉시 그물을 버려두고 예수님을 따랐다.

우리가 하나님의 아들이 누구이신지를 진정으로 보고 들을 때 거기에는 강렬한 무언가가 있어서, 모든 것을 버리고 그를 따라가는 것 외에는 다른 선택이 없다는 사실에 직면하게 된다. 이 네 명의 어부들에게는 예수님을 따른다는 것이 단순히 직업을 바꾸는 것 이상의 의미가 있었다. 이것은 그들의 세계관의 근본적인 전환을 의미했다. 예수님께서 그들을 불러 예수님을 따르라고 말씀하신 그날에 그들의 삶의 근본적 의미와 목적 자체가 바뀌었다.

He Who Hesitates is Lost
주저하는 이는 잃는다

예수님은 세관에 앉아있던 어느 세리의 옆을 지나고 계셨다. 예수님은 그에게 단순히 '나를 따르라'고 말씀하셨다. 그 사람(마태)은 일어나서 예수님을 따랐다. 그는 아직 마무리되지 않은 세무 업무를 하던 그대로 내버려 두고 따라갔다. 마태의 삶은 예수님이 부르신 그 순간 모두 바뀌었다.

만약 마태가 주저했다면? 사실 그에게는 책임져야 할 업무가 있었다. 일단 떠나지 말고 일을 먼저 마무리하는 것이 **책임감 있는 행동**이 아니었을까? 하지만 마태는 마음속으로 그 순간의 긴급함을 느꼈음이 틀림없다. 격언에 이런 말이 있다. "주저하면 잃는다." 머뭇거리면 놓쳐버리게 되는 **결정적인** 순간이 있다. 하나님의 카이로스 kairos 의 순간에는 즉각적으로 반응해야만 한다. 이 시간은 우리가 일어나서 '지금'을 붙잡아야 하는 '카르페 디엠 carpe diem (현재를 붙들어라)'의 순간이다.

Seize the day

모든 것을 버려두고 예수님을 따른 마태에게 보장된 것이 무엇이었을까? 예수님은 어떤 보증도 내세우지 않으셨다. 그분 자체가 보증이다. 우리는 예수님이 누구이신지를 영적으로 봐야 한다. 그렇게 할 때 우리는 예수님을 따르는 것이 사실상 희

Matthew must have sensed the urgency of the moment.

생이 아님을 알게 된다. 이는 단지 우리에게 유일하게 남은 한 가지 선택일 뿐이다.

예수님께서 자신을 따르라고 하실 때 그분이 먼저 우리를 부르신다는 것을 눈여겨보라. 예수님은 또 한 사람, 빌립을 찾아내어 그에게 말씀하셨다. "나를 따르라." 예수님이 빌립을 찾으셨다. 빌립은 예수님을 따랐고 그분의 제자가 되었다.

예수님을 따라가는 것은 우리의 생각이 아닌, 예수님의 생각이다. 후에 예수님께서는 다락방에서 제자들에게 이렇게 말씀하셨다. "너희가 나를 택한 것이 아니요, **내가 너희를 택하였노라.**" 예수님께서 먼저 부르신다. 하지만 우리가 예수님을 알아보기 위해서는 완전히 **깨어 있어야** 한다. 예수님이 누구인지를 아는 계시가 우리로 하여금 즉각적인 반응을 하도록 도전한다.

Costly Grace
값진 은혜

그리스도의 구원의 은혜는 값없이 받는 것이다. 그러나 예수님을 따르려면 당신은 **모든 것을 대가로 치러야** 할 것이다. 왜 그런가? 왜냐하면, 그의 은혜가 값싼 것이 아니기 때문이다. 이것은 귀중하다. 그의 은혜는 값을 매길 수 없다. 값진 가치는 그 자체로 인정받아야 한다.

예수님은 천국을 값진 진주에 비유하셨다. 진주는 아주 작은 것이다. 그냥 지나치기가 쉽다. 오직 그 진가를 알아보도록 숙련된 사람만이 그것의 가치를 알아차린다. 우리는 그리스도의 왕국의 진정한 가치를 알아보고 있는가?

값진 진주에 대한 예수님의 이야기 속에서 그 진주를 제대로 알아본 사람이 진주 장사였다는 것은 우연이 아니다. 진주 장사는 전문적으로 값진 진주를 알아보도록 훈련된 사람이다. 그들은 다른 사람들이 볼 수 없는 것을 볼 수 있다. 그들은 진짜 진주와 가짜 진주를 구별할 수 있다. 이것이 가능한 것은 그들이 진품을 살펴보고 구별하는 능력을 갖추도록 주의 깊게 시간과 노력을 들여왔기 때문이다.

우리는 하나님의 은혜에 대해 '진주 장사'와 같이 되어야 한다. 우리는 이를 알아보는 법을 배워야 하고, 값으로 따질 수 없는 이 은혜의 가치를 간파해야 한다. 그렇게 할 때 우리는 예수님을 따르기 위해 모든 것을 쉽게 포기할 수 있다. 왜냐하면, 예수님을 따르는 것이 '희생'이 아니라 '특권'임을 깨닫게 되기 때문이다.

혁명가들은 다른 사람들이 보지 못하는 것을 본다. 이것은 우연에 의한 것이 아니라, 선택에 의한 것이다. 혁명가들은 그들의 삶과 섬김에 의도적이다. 기꺼이 자신의 삶보다 더 위대한 뜻을 추구하며 살아간다. 혁명가들은 더 위대한 목적을 위해, 강요가 아닌 기쁨으로 자원한다. 바로 이들이 진짜 믿는 사람들이다.

비용을 계산하라 Counting the Cost

예수님의 인기가 높았을 때, 수많은 무리가 예수님을 따르고 있었다. 예수님이 그들에게 반드시 **비용을 계산해보라**고 말씀하셨던 때가 바로 이 시점이었다. 예수님의 말씀을 들어보자.

> 무릇 내게 오는 자가 자기 부모와 처자와 형제와 자매와 더욱이 자기 목숨까지 미워하지 아니하면 능히 내 제자가 되지 못하고 누구든지 자기 십자가를 지고 나를 따르지 않는 자도 능히 내 제자가 되지 못하리라 눅 14:26~27

우리는 값을 매길 수 없는 예수님의 보물의 진정한 가치를 알고 있는가? 예수님은 '네 보물이 있는 그 곳에는 네 마음도 있느니라' 마 6:21 라고 말씀하셨다. 인간인 우리는 우리에게 가장 소중한 것에 가장 높은 가치와 우선순위를 둔다. 우리에게 예수님이 이런 존재이신가? 만일 우리에게 그리스도가 가장 높은 가치가 아니라면 아예 가치를 매긴 것도 아니다.[1]

이것이 예수님께서 비용을 계산하라고 말씀하신 이유이다. 예수님은 이것의 예화로 두 가지를 드셨다. 첫 번째는 건물을 짓기 시작하다가 나중에 돈이 떨어져 끝까지 완성하지 못한 사람의 예화다. 두 번째는 어떤 왕이 다른 나라와 전쟁을 하려다가, 나중에야 자기에게 군대가 충분하지 않다는 것을 깨닫고 적과 평화 협상을 해야만 했다는 이야기다.

이 두 가지 예를 통해서 예수님은 우리가 예수님의 제자가 되기로 헌신하기에 앞서 비용을 계산하는 것이 얼마나 중요한지를 보여주신다. 그의 제자가 되기 위해서 우리가 개인적으로 어떤 **대가**를 치르게 될 것인지 깨닫고 있는가?

모든 것이 지불될 것이다. 예수님께서 말씀하셨다.

> "이와 같이 너희 중의 누구든지 자기의 모든 소유를 버리지 아니하면 능히 내 제자가 되지 못하리라" 눅 14:33

1 혁명가는 다르게 생각한다

토론을 uestions
For 위한
Discussion 질문

1. 혁명이라는 단어는 다양한 의미로 사용된다. 당신은 예수님을 **혁명가**로 생각하는가? 왜 그런가? 또는 왜 아니라고 생각하는가? 예수님이 혁명가라고 생각한다면, 예수님과 그분의 사역에서 어떤 면이 가장 혁명적이라고 생각하는가?

2. 과학자 코페르니쿠스의 혁명은 우주의 자연법칙을 보는 관점의 전환을 일으켰다. 우리가 예수님을 따르기 시작할 때 이와 유사한 영적 전환이 일어난다는 것을 감지하는가? 예수님이 우리 삶의 중심 가치가 될 때 이 영적 전환이 우리의 매일의 삶의 결정에 어떤 영향을 주는가? 이것이 어떻게 우리의 세계관에 영향을 미치는가?

3. 대부분의 진짜 혁명들은 위에서부터 아래로 향하는 지시적인 것이 아니라 그 문화 가운데서 자라난 풀뿌리 운동에서 기원한 것이다. 왜 그렇다고 생각하는가? 예수님을 따르라는 부르심에 이와 같은 '풀뿌리 운동'과 비견될 특정한 것들이 있는가?

4. 예수님은 다양한 사람들에게 자신을 따르라고 부르셨다. 어떤 사람들은 바로 예수님을 따랐지만, 그렇지 않은 사람들도 있었다. 또 망설이던 사람들도 있었다. 왜 어떤 사람들은 **즉시** 예수님의 부름에 응답했고, 어떤 사람들은 주저했을까?

2 혁명가는 자원한다
Revolutionaries Are Volunteers

2
Revolutionaries Are Volunteers
혁명가는 자원한다

주의 권능의 날에 주의 백성이 즐거이 헌신하니

시편 110 : 3

2.
혁명가는 자원한다

시편 110편은 메시아적 시편이다. 그리스도를 믿는 자들로서 우리는 그리스도의 권능의 날을 살아가고 있다. 예수님은 제자들에게 이렇게 말씀하셨다. "오직 성령이 너희에게 임하시면 너희가 권능을 받고 예루살렘과 온 유대와 사마리아와 땅 끝까지 이르러 내 증인이 되리라 하시니라" 행 1:8.

혁명가들은 자원한다. 그리스도의 영적인 군대로서 우리는 징병을 강요당한 사람들이 아니다. 우리는 **자원한** 군대이다. 예레미야는 다음과 같이 예언하였다.

> 그러나 그날 후에 내가 이스라엘 집과 맺을 언약은 이러하니 곧 내가 나의 법을 그들의 속에 두며 그들의 마음에 기록하여 나는 그들의 하나님이 되고 그들은 내 백성이 될 것이라 여호와의 말씀이니라 그들이 다시는 각기 이웃과 형제를 가르쳐 이르기를 너는 여호와를 알라 하지 아니하리니 이는 작은 자로부터 큰 자까지 다 나를 알기 때문이라 내가 그들의 악행을 사하고 다시는 그 죄를 기억하지 아니하리라 여호와의 말씀이니라 렘 31:33~34

자원자들에게는 옳은 일을 하도록 매번 상기시켜 주거나 계속해서 찔러 줄 필요가 없다. 그것이 이미 마음에 새겨져 있기 때문이다. 하나님은 그들의 마음에 하나님이 원하시는 것을 하고자 하는 초자연적인 갈망을 부여하신다. 우리는 주의 권능의 날에 기꺼이 자원하는 자들이 된다. 오직 하나님의 권능만이, 자기중심적이고 타락한 인간을 하나님의 영광을 위해 기쁘게 헌신하는 자원자로 완전히 변화시킬 수 있다.

Volunteers Are Motivated Differently
자원하는 사람의 동기는 다르다

자원자들을 움직이는 연료는 내면에 있다. 이들에게는 무엇을 해야 하는지 계속 말해줄 필요가 없다. 이들은 그리스도로 말미암은 새 성품으로 스스로를 다스린다. 자원자들은 외부에서 쿡쿡 찔러줘야 하는 사람들이 아니라, 자신의 내면에서부터 추진되는 사람들이다.

초기 미국 독립전쟁 기간 중, 독립군은 재빨리 보스턴 도시 주위에 요새를 구축하였다. 영국의 게이지 장군은 이 자발적인 군대가 얼마나 열심히 일하는지 보고 놀라워했다. 그는 이렇게 말했다. "맙소사, 이들은 내 군대에 시키면 3개월도 더 걸릴 일을 하룻밤 만에 끝내는군!"[2]

혁명가들은 그들이 섬기는 목적에 대해 열정적으로 투자하여, '확정적 권리 vested interest'를 가진다. 이것은 그들에게 '그들의' 목적이며 '그들의' 혁명이다. 그들은 자신이 믿는 바를 위해 열정적으로 싸워나간다. 왜냐하면 그것을 믿기 때문이다.

청지기 vs 삯꾼
Stewards versus Hirelings

예수님은 두 종류의 고용인을 뚜렷이 구분하셨다. **무익한 종**과 **청지기**이다. 무익한 종 아크레이오스 둘로스 ἀχρεῖος δοῦλος 은 회사에 직접적인 유익을 주지 못하는 고용인을 말한다. 예를 들면, 최소한의 월급만 받고 일하는 사람과 같다. 이런 사람이 무익한 종이라는 것은 꼭 실력이 없거나, 수준 이하로 일하기 때문이 아니라, 그의 어떤 독특한 업무 성과에 의해 회사의 궁극적 성공이나 수익이 직접적으로 좌우되는 것은 아니기 때문이다.

기본 급여만 받는 사람에게는 이익 증가에 대한 수당이 없다. 그는 자기에게 기대되는 최소한의 일만 하기로 동의하고, 그에 따른 정해진 급여만 받는다. 최소한 맡은 업무만 적절히 수행한다면, 정해진 급여는 보장받는다. 그래서 이 사람이 일하는 동기는 청지기와는 다르다.

반면, 청지기는 그의 고유한 자질이 회사의 유익, 성장, 궁극적인 성공에 꼭 필요하다고 여겨지는 사람이다. 고용주는 청지기에게 그의 자질에 근거하여 일정량의 자율 재량권을 부여한다. 그럼에도 청지기는 때때로 그에게 주어진 자율 재량권이나 결정 권한을 어떻게 사용하고 있는지 자세히 설명해야만 한다. **주인이 아니라** 청지기이므로, 자기의 행동에 책임을 져야 한다.

최소 급여만 받는 근로자와는 달리, 청지기는 회사의 성공과 성장에 따라 배당금을 받는다. 그는 자원자처럼 생각한다. 회사의 성공에 마음을 쏟았기 때문에 동업자나 주주같이 생각한다. 그는 일이 잘되면 정해진 급여만 받지는 않는다. 회사의 비전을 섬김으로써 자기의 비전에 투자하고 있는 것이다. 그러므로 청지기들은 자신들이 일하는 회사의 비전을 '소유'한다. 청지기들은 돈만 주면 뭐든 하는 사람들과는 다르게 생각한다. 돈을 받기 위해 일하는 삯꾼은 자신의 급료를 위해서 일하지만, 청지기는 자신의 비전을 위해 일한다.

청지기는 그가 하는 일의 비전에 대해 믿음을 가지고 있기 때문에, 늘 한 층 더 노력하며 나아간다.

난 내 일이 진짜 좋아! 내가 믿는 바를 위해 일할 수 있는 특권을 주셔서 하나님께 정말 감사하다!!

너무 피곤해!!! 하지만 이 일을 제때로 끝나야해! 내가 이걸 끝내지 않으면 누가 하겠어?

최고 경영자나 수당을 받는 근로자 모두 청지기의 예이다. 둘 다 회사의 성공에 대하여 '확정적 권리'를 소유하고 있는 사람들이다.

2 혁명가는 자원한다

Doing What Is Expected
마땅히 할 일을 하는 것

예수님은 기본급 고용인이 최소한 해야 할 일을 한 것에 대해서, 비록 그것을 잘 마쳤다고 하더라도 특별히 인정을 받거나 과히 칭찬받기를 기대할 필요가 없다고 가르치셨다. 기본급 고용인이 자기 일을 잘 감당했을 때, 자기에게 주어진 것을 한 것뿐이지 그 이상은 아니다. 그는 자기 능력껏 잘 섬겨야 마땅한 사람인데, 이는 그것이 원래 종이 하는 일이기 때문이다. 종은 **섬긴다**. 예수님은 제자들에게 다음의 예화를 들려주셨다.

> 너희 중 누구에게 밭을 갈거나 양을 치거나 하는 종이 있어 밭에서 돌아오면 그더러 곧 와 앉아서 먹으라 말할 자가 있느냐 도리어 그더러 내 먹을 것을 준비하고 띠를 띠고 내가 먹고 마시는 동안에 수종들고 너는 그 후에 먹고 마시라 하지 않겠느냐 명한 대로 하였다고 종에게 감사하겠느냐 이와 같이 너희도 명령 받은 것을 다 행한 후에 이르기를 우리는 무익한 종이라 우리가 하여야 할 일을 한 것뿐이라 할지니라 눅 17:7~10

여기서 어떤 종류의 고용 형태를 말씀하시는지 눈여겨보라. 밭을 갈고, 소를 치는 종들은 **청지기가 아니다**. 그들은 기본적인 일꾼이다. 밭을 갈고 소를 치는 것은 성실하게 해야 하는 중요한 일이지만, 이는 사업의 유익과 확장을 위해 필수적이거나 유일무이한 일은 아니다. 성실하고 자질만 있다면 어떤 고용인도 해낼 수 있는 기본적인 일이다. 이런 시간제 고용인은 위에서 말한 성실하고 자질을 갖춘 다른 고용인들과 마찬가지로, 어떤 특정 영역에 특별한 자질을 갖추고 있는 것은 아니다.

예수님은 듣는 사람들이 그 의미를 금방 알아들을 수 있었기 때문에 이 예화를 사용하셨다. 시간제로 일하는 고용인이 기본적인 최소한의 일을 했다고 해서 칭찬이나 감사를 받을 것으로 생각하는 사람은 아무도 없을 것이다.

Stewards are Different
청지기들은 다르다

반면, 청지기들은 다르다. 그들은 기대되는 것 이상으로 지속해서 **더 나아간다**. 이것 때문에 상당한 결정을 내릴 자율 재량권도 부여된다. 그러나 완전한 자율성이 주어진 것은 아닌데, 왜냐하면 이것이 자기 사업이 아니라 다른 사람의 것이기 때문이다. 그들은 청지기이지, 소유주가 아니다.

청지기가 자신의 임무를 잘 수행하면 그 일이 사업에 독보적이고 직접적인 확장과 이익을 가져오기 때문에 칭찬과 인정을 받게 된다. 부여받은 일의 성격 자체가 다르므로, 청지기는 시간제 고용인과는 다르게 생각한다. 그의 동기 자체가 근본적으로 다르다. 고용 노동자는 자신의 급여를 위해 일하지만, 청지기는 자신의 비전을 위해 일한다.

예수님은 지혜롭고 신실한 청지기가 주인의 일을 맡아 관리하는 임무를 부여받은 것에 대하여 제자들에게 이렇게 설명하셨다.

주께서 이르시되 지혜 있고 진실한 청지기가 되어 **주인에게** 그 집 **종들을** 맡아

때를 따라 양식을 나누어 줄 자가 누구냐 주인이 이를 때에 그 종이 그렇게 하는 것을 보면 그 종은 **복이 있으리로다** 내가 참으로 너희에게 이르노니 주인이 그 모든 소유를 그에게 맡기리라 눅 12:42~44

예수님이 말씀하신 달란트의 비유에서, 어떤 사람이 세 명의 고용인에게 자신의 소유물인 각기 다른 금액의 달란트 또는 돈(탈란톤 τάλαντον, 재화 측정 단위, 약 91kg의 금)을 맡겼다. 그 세 명의 고용인들은 주인에게 이익을 남기도록 맡은 돈을 지혜롭게 투자할 수 있는 자율 재량권을 부여받았다. 즉, 그들은 **청지기**로 대접받은 것이다. 왜냐하면 그들은 주인의 일을 관리하도록 위임을 받았고, 사업에 이익을 가져오도록 기대되는 사람들이었기 때문이다.

세 명 중 두 명은 자신이 맡은 것을 현명하게 투자하여 주인이 돌아왔을 때 수익을 남겨놓았다. 그러나 세 번째 고용인은 실패할까 두려웠다. 그는 맡은 것을 잘못 투자하는 실수를 저지를까 봐 두려워했다. 그래서 아무것도 하지 않았다.

주인은 돌아와서 앞의 두 명의 고용인을 칭찬하고, 자기의 일을 관장하는 자로 임명했다. 하지만 세 번째 고용인에게는 진노했다.

한 달란트 받았던 자는 와서 이르되 주인이여 당신은 굳은 사람이라 심지 않은 데서 거두고 헤치지 않은 데서 모으는 줄 내가 알았으므로

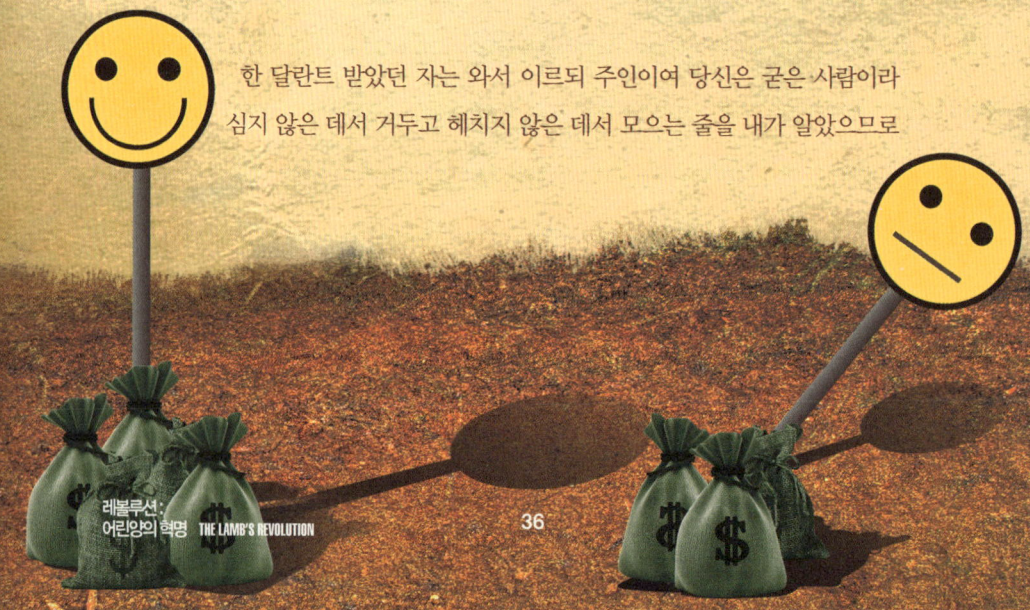

두려워하여 나가서 당신의 달란트를 땅에 감추어 두었었나이다 보소서 당신의 것을 가지셨나이다 그 주인이 대답하여 이르되 악하고 게으른 종아 나는 심지 않은 데서 거두고 헤치지 않은 데서 모으는 줄로 네가 알았느냐 그러면 네가 마땅히 내 돈을 취리하는 자들에게나 맡겼다가 내가 돌아와서 내 원금과 이자를 받게 하였을 것이니라 하고 그에게서 그 한 달란트를 빼앗아 열 달란트 가진 자에게 주라 무릇 있는 자는 받아 풍족하게 되고 없는 자는 그 있는 것까지 빼앗기리라 이 무익한 종을 바깥 어두운 데로 내쫓으라 거기서 슬피 울며 이를 갈리라 하니라 마 25:24~30

  처음에는 세 명의 종 모두 **청지기**로 위임을 받았다. 그러나 결국에는 두 명만 다스리는 자가 되었고, 세 번째 종은 **무익한 종**으로 취급받았다. 세 번째 종은 청지기로서 그에게 기대되었던 것을 하지 않았기 때문에 벌을 받았다.

  우리는 혁명적으로 예수님을 따라가는 자들로서 청지기처럼 섬기며 살아가라는 부르심을 받았지, 기본임금을 받는 고용인처럼 최소한의 일만 간신히 하도록 부르심을 받은 것이 아니다. 청지기와 마찬가지로, 혁명가는 최소한으로 요구되는 것보다 항상 더 많이 나아간다. 혁명가는 자기 자신보다도 더 큰 비전이 그 안에서 불타오르기 때문이다.

2 혁명가는 자원한다

A Love For the Family Business
가족의 사업을 사랑하는 것

예수님은 성전에서 돈 바꾸는 사람들을 내쫓는 것으로 이 땅에서의 사역을 시작하셨다. "당장 나가라!" 예수님은 말씀하셨다. "이곳은 내 아버지의 집이다." 예수님은 하나님의 아들이시며, 아버지의 청지기셨기 때문에, 아버지의 집을 향해 내면에서 타오르는 **열심**으로 삼킨 바 되셨다. 열두 살 때에도 심지어 예수님은 "내가 내 아버지의 일을 해야 한다는 것을 알지 못하셨습니까"(NKJV 직역, 역주)라고 하셨다. 청지기는 가족의 사업을 자신의 사업처럼 여긴다. 가족의 사업을 사랑하는 것이 마음에 새겨진 것이다.

예수님은 두 종류의 일꾼을 비교하는 또 다른 예를 드셨다. 예수님은 **선한 목자**(양 치는 일에 자신의 것을 투자한 사람)와 **삯꾼 목자**를 대조하셨다. 예수님은 제자들에게 이렇게 말씀하셨다.

> 나는 선한 목자라 선한 목자는 양들을 위하여 목숨을 버리거니와 삯꾼은 목자가 아니요 양도 제 양이 아니라 이리가 오는 것을 보면 양을 버리고 달아나나니 이리가 양을 물어 가고 또 헤치느니라 달아나는 것은 그가 삯꾼인 까닭에 양을 돌보지 아니함이나 나는 선한 목자라 나는 내 양을 알고 양도 나를 아는 것이 아버지께서 나를 아시고 내가 아버지를 아는 것 같으니 나는 양을 위하여 목숨을 버리노라 요 10:11~15

선한(칼로스 καλως. 좋은, 진정한, 존중할 만한, 칭찬할 만한, 추천할 만한) 목자는 신실한 청지기이다. 양 떼가 꼭 자기의 것이 아닐 수도 있지만, 그는 마치 자기 양인

듯 돌본다. 청지기의 경우와 같이 목자에게는 주인의 양을 돌보고 관리하는 **책임**이 주어진다.

청년 시절에 다윗은 아버지의 양 떼를 관리하는 믿을 만하고 훌륭한 목자였다. 마찬가지로, 예수님은 아버지의 양 떼를 돌보시는 진실하고 찬양받기 합당한 목자이시다. 신실한 아들로서, 예수님은 늘 아버지의 사업을 완전하게 돌보신다.

이와는 반대로 삯꾼(미스소토스 μισθωτός, 임금을 주고 고용한 사람, 고용인, 고용된 종)은 선한 목자가 하듯 양 떼를 돌보지 않는다. 삯만 받으면 되는 고용인은 맡은 일에 대한 비전을 공유하지 않는다. 그 양 떼는 그의 것이 아니다. 고용된 일꾼은 그 일을 위해 고난을 감수하려 하지 않는다. 청지기와는 달리 회사의 비전에 그의 마음을 바치지 않았기 때문이다.

THE LAMB'S REVOLUTION
VOLUNTEER APPLICATION

1. First / Last Name ....

2. Address ....
....

3. Nationality .... 4. Gender ....

5. Date Of Birth ..../........./........

Would you like to volunteer for the Jesus Revolution?

Signature ....

Questions For Discussion
토론을 위한 질문

1. 혁명가는 자기 자신보다 더 위대한 목적을 섬긴다. 예수님을 따르는 것은 우리의 삶에서 어떠한 **혁명을 야기하는가**?

2. 혁명가는 자원하는 마음을 소유했다. 이것은 무엇을 의미하는가? 예수님을 따라가는 것에 있어서 자원하는 마음을 가지는 것이 왜 꼭 필요한가?

3. 예수님께서는 두 종류의 일꾼을 구분하셨다. 무익한 종과 청지기이다. 그리스도인으로서 우리는 전심으로 자원하여 그분을 섬기도록 부르심을 받았다. 당신은 어떤 종류의 그리스도인이 되기를 원하는가? 정해진 기본 급여만 받고 맡은 일만 간신히 하는 일꾼인가? 아니면 위임을 받아 성과급을 받는 일꾼인가? 이 두 종류의 일꾼이 각각 지니고 있는 동기의 차이점은 무엇인가? 토론해보라.

A FIRE shall always be BURNING on the altar; it shall never go out.
- Lev. 6:13

3 Hearts On Fire
불붙는 마음

3

Hearts On Fire
불붙는 마음

주의 집을 위하는 열성이 나를 삼키고
주를 비방하는 비방이 내게 미쳤나이다

시편 69:9

3.
불붙는 마음

이사야 9장 7절에서는 '여호와의 열심'으로 인하여 그리스도의 나라가 확장됨을 선언하고 있다. "그 정사와 평강의 더함이 무궁하며 … 만군의 여호와의 열심이 이를 이루시리라" 사 9:7.

열심zeal이란 무엇인가? 열심은 다음과 같이 정의된다. "힘이 넘치는, 지칠 줄 모르는 열망 혹은 열정 – 특히 어떤 목적과 사상을 위한 것." 스트롱 용어사전에서는 열심(젤로스 ζηλος)을 '사나운, 투쟁적인 열성 또는 열의'로 정의한다.

혁명가는 무엇보다 자신의 본질적인 믿음과 핵심 가치로 말미암아 움직인다. 혁명가들은 열심이 있는데 왜냐하면 그들이 믿는 사상이나 목적에 대하여 치열한 열정이 있기 때문이다. 그들의 믿음이 그들의 열정에 지속적으로 불을 붙인다.

이사야는 여호와의 열심에 대하여 예언했다. 여호와의 열심이란 무엇인가? 여호와의 열심은 하나님의 비전이다. 하나님의 부담이며 목적이다. 여호와의 열심은 그의 의롭고 아름다운 목적을 향한, 맹렬하고 타협 없는 열정이며 뜨거운 헌신이다. 여호와의 열심 안에서 살아가는 것은 천국의 목적을 따라 사는 열정적인 열심에 사로잡히는 것이다.

정확히 어떠한 방식으로 여호와의 열심이 그의 나라의 확장을 이루는 것일까? 그리스도의 몸인 우리는 주의 열정적인 열심과 뜨거운 열의로 가득 차게 된다. 우리 안에 내주하시는 성령의 능력으로 말미암아, 우리는 이 땅에 하나님 나라의 증가를 일으킨다.

It Only Takes A Spark
작은 불꽃 하나가

십 대 시절 교회 중고등부에서 많이 불렀던 〈전하세(Pass It On)〉라는 노래가 있었다. 이 노래는 60년대 후반과 70년대 초에 일어난 예수 운동(Jesus Movement)에서 나온 노래였다. 지금도 가사가 다 외워질 정도로 우리는 그 노래를 많이 불렀다.

작은 불꽃 하나가 큰불을 일으키어
곧 주위 사람들 그 불에 몸 녹이듯이
주님의 사랑 이같이 한 번 경험하면
그의 사랑 모두에게 전하고 싶으리3

우리는 정말 닳아 없어질 지경이 되기까지 이 노래를 불렀다. 그러나 이 노래의 메시지는 여전히 나에게 남아있다. 하나님의 사랑은 단순한 사상이 아니다. 이것은 경험해 봐야하는 것이다. 하나님의 사랑은 불꽃과 같이 불붙어야 한다. 작은 불꽃 하나가 큰불을 일으킨다.

야고보는 우리에게 상기시킨다. "보라 얼마나 작은 불이 얼마나 많은 나무를 태우는가" 약 3:5후. 거대한 산불은 작은 불씨에서 시작된다. 야고보는 이 말씀을 부정적인(길들이지 못한 혀에 대한) 예화로 들고 있다. 그렇지만 마찬가지로 우리 삶에서도 하나님을 향한 열정의 불이 붙어야 하는데 이것은 작은 불꽃 하나면 된다. 그러나 이 작은 불씨 없이는 점화될 수도, 불이 타오를 수도 없다.

Passion for God must be ignited in our lives, and it only takes a small spark. **But** without that initial spark, there will be no ignition and no fire.

부르심이 곧 촉매이다   Our Call is Our Catalyst

　모든 불은 **촉매**를 필요로 한다. 촉매제는 변화를 시작하거나 사건을 일으키는 무언가이다. 그리스도의 열정적인 열심으로 우리에게 불이 붙으려면, 우리의 삶에 이 열정을 촉발시켜 불을 붙일 수 있는 영적 촉매가 먼저 있어야 한다.

　불은 **마찰**이 없으면 지펴지지 않는다. 마찰은 서로 저항하는 두 개의 물체가 부딪칠 때 생긴다. 저항은 마찰을 가져온다. 상호 저항이나 충돌이 강하면 강할수록 더 강력한 마찰을 가져온다.

　그리스도는 우리를 그대로 수용하기 위해서가 아니라 지적하기 위해서 오신다. 왜 그의 부르심은 우리를 **지적**하는가? 왜냐하면 예수님의 신성한 지적이 없다면 타락한 인간의 본성은 결코 변화되고자 하지 않기 때문이다. 우리는 도리어 하나님께서 우리를 위해 모든 것을 해 주시기만을 바랄 것이다.

　그리스도께서는 우리를 향한 사랑으로 우리를 단호하게 지적하셔서, 우리가 천국의 부르심을 위해 깨어나도록 해주신다. 예수님의 지적은 촉매가 되어 우리의 영적 각성에 불을 지펴 주신다. 솔로몬이 기록하기를 '철이 철을 날카롭게 하는 것 같이 사람이 그의 친구의 얼굴을 빛나게 하느니라'라고 했다. 하나님은 우리를 날카롭게 다듬으시기 위해 우리를 지적하신다. 예수님은 우리를 사랑하시고 자신과의 친밀한 교제 가운데로 부르기를 열망하시기 때문에, 우리를 지적하신다.

His confrontation is intended as a catalyst, to spark spiritual awakening.

The Divine Agony
신성한 고뇌

예수님은 기도와 성별의 삶을 사셨다. 배반당하시던 날에도, 예수님은 간절히 기도하셨다. 그 기도는 수동적인 기도가 아니었다. 야고보가 상기시켜 주는 것 같이 효과적이고 열심있는(질로스 ζῆλος: 열심있는) 의인의 간구는 역사하는 힘이 크다(약 5:16후. NKJV 직역. 역주). 열성적으로 간구하는 기도가 효과적인 기도이다.

예수님은 겟세마네 동산에서 고뇌함으로 기도하셨다.

> 예수께서 힘쓰고 애써 더욱 간절히 기도하시니
> 땀이 땅에 떨어지는 핏방울 같이 되더라 눅 22:44

고뇌(agony. 헬라어로는 아고니아 ἀγωνία)하시는 가운데, 예수님은 더욱 **절실하게**(엑테네스테론 ἐκτενέστερον: 더 의도적으로, 열심히, 멈추지 않음) 기도하셨다. 예수님의 고뇌가 열렬하고 그칠 줄 모르는 기도의 촉매가 되었다. 고뇌 가운데 있었기에, 예수님은 더 열심히 기도하셨다.

예수님의 간절한 기도가 얼마나 극심했던지 땀이 핏방울이 되었다. 의학 전문가들은 이것이 참기 어려운 극도의 육체적 긴장과 압박이 있을 때 나타나는 의학적 현상이라고 말한다. 육체적 긴장이 극에 달하면 심장 박출이 급격히 감소하게 되고, 이때 모세혈관의 수축으로 압력이 높아져서 혈액이 땀구멍으로 밀려 나오게 된다. 이는 상당히 드물지만, 극도의 한계 상황에서 나타나는 현상이다.[4]

예수님은 우리를 구원하시려 고통을 받고 죽으셨다. 그러나 그리스도의 희생은 구원을 위한 필요조건을 충족하는 것보다 더 나아가는 것이다. 그의 희생은 그의 열정이었다.

예수님은 우리가 할 수 없는 것을 우리를 위해서 대신하셨다. 누구도 자기의 죄를 대속할 수 있는 사람은 없다. 우리가 할 수 없는 것을 그리스도께서 하셨다. 대신 고통을 받고 죽음으로써 우리를 구하셨다. 예수님은 우리의 죄를 대신 지셨다.

그리스도의 희생이 자동으로 이루어진 것은 아니다. 예수님은 십자가를 지나치려는 유혹에 대하여, 고뇌(아고니아 $\dot{\alpha}\gamma\omega\nu\acute{\iota}\alpha$)하며 분투하는 간절한 기도로 적극 맞서셨다. 히브리서 기자는 예수님의 모습을 기억하며 이렇게 적었다. "너희가 죄와 싸우되 아직 피흘리기까지는 **대항하지**(안타고니조마이 $\dot{\alpha}\nu\tau\alpha\gamma\omega\nu\acute{\iota}\zeta o\mu\alpha\iota$. 고뇌하며 저항하는) 아니하고" 히 12:4.

이 고뇌(아고니아 $\dot{\alpha}\gamma\omega\nu\acute{\iota}\alpha$)는 그리스도만의 것이 아니다. 예수님은 그분의 고통에 동참하도록 제자인 우리를 부르신다. 예수님은 자신의 뜨거운 고뇌와 분투에 참여하라고 우리를 부르신다. 이것이 예수님을 따르는 것의 한 부분이다. 바울은 이렇게 기록했다.

> 내가 그리스도와 그 부활의 권능과 그 고난(파테마 πάθημα)에 참여함을 알고자 하여 그의 죽으심을 본받아 빌 3:10

여기서 고난이란 단어는 헬라어로 파테마πάθημα이다. 이는 내적인 **고난**을 의미하는데 박해, 재앙, 고난, 고통 혹은 불행과 같은 외부적 저항에 근거한, 혹은 유발된 것을 뜻한다. 파테마의 어원은 파토스πάθος, 문자적으로 열정, 갈망을 뜻한다.

바울이 육체적인 고통 자체를 체험하기를 바라는 것이 아니다. 오히려 예수님이 겪으신 것과 같은 열정과 갈망을 자기도 경험하기를 원한다고 말하는 것이다. 바울은 그리스도의 열정과 비전이 자기의 것이 되기를 원했다. 그리스도의 제자로서 우리 역시 이러한 주님의 열정이 우리의 것이 되기를 그 무엇보다도 갈망해야 한다.

예수님께서는 제자들에게 직접 말씀하셨다. "좁은 문으로 들어가기를 힘쓰라(아고니아 ἀγωνία, 고뇌하다)" 눅 13:24전. 이는 육의 분투가 아니라 오히려 영의 고뇌라 할 수 있다. 우리는 하나님께서 원하시는 것을 열망하는가? 우리는 그 무엇보다도 그의 나라와 의를 열망하는가? 예수님은 그의 제자들에게 가르치셨다. "먼저 그의 나라와 그의 의를 구하라 그리하면 이 모든 것을 너희에게 더하시리라" 마 6:33.

His passion is to become our passion.

우리의 구원자 예수님은 우리를 위해 우리가 할 수 없는 일을 해주셨다. 그분은 우리를 완전히 구원하셨다. 또한 우리의 **주님**이신 예수님은 본보기가 되시며, 우리를 따라오라고 부르신다. 그리스도의 고난(열정)은 예수님의 것만이 아니다. 그분의 제자로서, 우리는 그의 고통과 고난에 동참하라는 부르심을 받았다. 예수님의 고난은 또한 **우리의 것**이다.

예수님께서 겟세마네 동산에서 기도하실 때 제자들에게 본을 보이시고 그대로 하라고 요구하셨다. "시험에 들지 않게 깨어 있어 기도하라 마음에는 원이로되 육신이 약하도다" 막 14:38.

예수님은 제자들에게 단지 '기도하라'고 하지 않으셨다. '깨어 있어 기도하라' 막 14:38 고 말씀하셨다. 기도할 때 깨어있으려면 열심과 주의 깊은 저항력이 요구된다.

야고보는 믿는 자들에게 가르친다. "그런즉 너희는 하나님께 복종할지어다 마귀를 대적하라 그리하면 너희를 피하리라" 약 4:7. 그의 가르침에는 두 가지 측면이 있다. 먼저 하나님께 **순복해야** 한다. 그리고 마귀를 **대적해야** 한다:

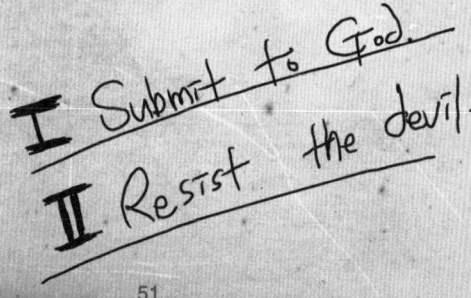

I Submit to God.
II Resist the devil.

Passive and Active Prayer
수동적인 기도와 적극적인 기도

그러므로 효과적인 기도에는 한편으로는 수동적이고, 다른 한편으로는 적극적인 두 측면이 있다. 첫째로, 우리가 아무것도 할 수 없는 상태로 하나님의 초자연적인 능력에 순복하고 또 의존한다는 면에서, 하나님께 순복하는 것은 수동적이다. 그러나 수동적인 복종의 기도에도 역시 우리가 의지적으로 참여해야 하는데, 그 이유는 우리의 협조와 동의가 요구되기 때문이다. 하나님은 우리의 의지를 꺾어서 억지로 하나님의 명령을 수행하도록 강요하지 않으신다.

기도의 두 번째 측면인 마귀를 대적하는 기도는, 하나님을 대적하는 것들에 대항하여 열심으로 애쓰며 저항하는 적극적인 기도이다. 우리가 순종할 때 하나님께서 우리가 할 수 있도록 하신다. 순종할 수 있는 능력이 하나님의 명령 안에 이미 들어있다.

어거스틴은 기도했다. "주님께서 명령하는 것을 주시고, 당신께서 주시는 것을 명령하소서."[5] 이 기도는 수동적 태도가 아니라, 그가 명령하는 것을 무엇이라도 할 수 있는 초자연적 능력을 하나님께서 그 명령 안에 불어넣어 주실 것이라는 적극적이고 즉각적인 기대를 가지고 해야 한다. 예수님께서 무엇을 **명령하실 때마다**, 동시에 그것을 할 수 있는 **능력을 주신다**는 사실을 우리는 알아야 한다.

예수님께서 제자들에게 말씀하셨다. "너희가 못할 것이 없으리라" 마 17:20 후. 예수님은 우리에게 약속하신다. "믿는 자에게는 능히 하지 못할 일이 없느니라" 막 9:23후. 믿음이 하나님의 약속에 들어가게 한다. 예수님께 순종하여 손 마른 사람이 손을 뻗었던 것 같이 (눅 6:10), 우리가 단순히 예수님을 믿고 그분이 명하시는 것을 행하면, 순종할 수 있는 능력이 이미 명령 안에 담겨 함께 전달되는 것을 발견할 것이다.

사도 바울은 "쉬지 말고 기도하라" 살전5:17라고 기록한다. 기도는 그리스도인의 기본적인 훈련이다. 그러나 훈련보다 더 나아간다. 열정적이고 끈질긴 열심으로 기도하지 않으면, 기도에 들이는 노력도 결국 효과가 없고 집중하기도 어렵다. 그러나 우리의 영에 열정의 불이 붙고 그 불이 유지되면, 기도 역시 지속적이게 된다.

제단 위의 불 The Fire On The Altar

어떻게 하면 혁명가가 되는가? 배워서 된다기보다는 붙들려서 된다. 혁명가들은 내면의 비전 때문에 움직인다. 예수님의 내면에서 타오르던 아버지의 집을 향한 열심이 예수님을 **삼켰던** 것처럼, 예수님을 따르는 혁명가들은 속에서 타오르는 영적인 불이 그들을 움직이게 한다.

매일의 희생 제사에 대하여 하나님께서는 모세에게 지시사항을 주셨다. 레위인들은 아침과 저녁에 지속적으로 희생 제사를 올리라는 명령을 받았다. 하나님께서 말씀하셨다. "불은 **끊임이 없이** 제단 위에 피워 **꺼지지 않게** 할지니라" 레 6:13.

왜 불이 끊임없이 타올라야 했는가? 왜 하나님께서 '이 불은 절대 꺼지지 않게 하라.'고 그들에게 명령하셨는가? 왜냐하면 불은 하나님께 드리는 희생 제사를 뜻하기 때문이다. 불은 제단 위에 놓인 어떤 것이라도 태워 없앤다. 그러므로 지속해서 타오르는 불은 하나님께 끊임없이 드리는 예배의 삶을 의미한다. 하나님을 향한 우리의 열정은 내면에서부터 계속해서 타오른다. 꺼지지 않는다. 결코, 단 일 초라도.

당신의 불은 어떠한가? 때때로 불꽃이 수그러드는가? 계속 불을 들쑤셔야 하는가? 활활 타는 불길인가 아니면 연기만 나는, 타다가 남은 숯인가? 그것도 아니라면 완전히 꺼져버렸는가?

A FIRE shall always be BURNING on the altar ; it shall never go out.
- Lev. 6:13

3 불붙는 마음

불 지피기 Building a Fire

어릴 적 우리 가족은 뉴멕시코의 40에이커(약 오만 평) 정도 되는 농장에서 농가를 증축하여 살았다. 나의 아버지의 직업은 농부가 아니고 의사였다. 우리는 그 지역의 농부들에게 땅을 빌려주어 농사를 짓게 하였다.

농장에서 자라는 동안 아버지는 나와 형제들에게 불을 지피는 법을 가르쳐 주셨다. 집에는 벽난로가 몇 군데 있었는데, 부모님께서는 특히 추운 날 밤이면 벽난로에 불이 활활 타오르는 것을 좋아하셨다. 나와 형제들은 벽난로에 불을 잘 지피기 위해 장작을 패고 불쏘시개를 준비하는 책임을 나눠서 맡았다.

나는 불을 피우는 데 꼭 필요한 요소들이 있다는 것을 금방 배웠다. 불을 피우고 잘 타게 하려면 세 가지 기본 요소들이 잘 갖춰져야 한다. 첫째, 크고 속이 꽉 차고 타기 좋게 마른 장작이 있어야 한다. 나무가 너무 파릇파릇하거나 젖어있으면 불이 붙지 않는다. 그리고 속이 꽉 차 있지 않으면 너무 빨리 타서 금세 없어져 버린다.

둘째, 불쏘시개 나무가 필요하다. 불쏘시개 나무는 크기를 다양하게 잘라둔다. 어떤 불쏘시개는 좀 오래 타도록 두께가 굵어야 하고, 어떤 것은 쉽게 불이 붙도록 얇은 것이 좋다. 마지막으로, 불이 잘 붙게 해주는 촉매 같은 것

Revolutionaries are like dense, dry wood.

이 필요한데, 신문지 뭉치 같은 것이다. 신문은 얇고 건조해서 잘 타는데다가 인쇄용 잉크가 불이 더 빨리 붙도록 도움을 주기 때문이다.

이 세 가지가 불이 지속해서 강력하게 타오르기 위해 꼭 필요한 요소들이다. 한 가지 요소라도 없으면 불이 잘 붙지 않거나, 혹은 잘 타지 않게 된다. 어린 시절 아버지가 이렇게 가르쳐 주셨던 기억이 난다. "이쪽에 신문을 좀 더 넣어야겠구나." "모양은 상관없이, 종이를 이렇게 단단히 구기렴." "장작이 너무 물기가 많네. 좀 더 마른 것으로 가져오렴." "이 장작은 너무 작아." "네 불쏘시개는 좀 두껍구나. 얇은 것도 좀 필요할 거야." "불이 이쪽만 크네? 왼쪽에 불쏘시개가 더 필요하겠는걸."

불은 한번 잘 피우면 꽤 오랜 시간 타올랐다. 불이 잘 붙지 않으면 붙을 때까지 계속 지펴줘야 했다. 때때로 불은 고집스럽게도 잘 타오르려 하지 않았다.

혁명가들은 단단하고 마른 장작과 같다. 그들은 쉽게 점화되며 상당히 오래 탄다. 예수님을 따르는 혁명가로서 우리의 마음이 이처럼 목말라야 하며, 또한 오래가는 나무 같아야 한다. 약하고 견고하지 않은 마음에는 불이 쉽게 붙을 수는 있지만, 또 쉽게 타서 없어져 버린다. 우둔한 마음에는 아예 불이 붙지도 않는다. 강하고 단단할 수는 있지만, 자기 스스로 만족해서 목마름이 없는 경우이다. 우둔한 마음을 움직이거나 불을 붙일 수 있는 것은 없다.

우리의 마음이 이 세상에 흠뻑 젖어서 그리스도의 부르심의 불로 점화되지 못하고 있지는 않은가? 예수님께서 불쏘시개로 계속 우리의 불을 일으키려 하시지만, 자꾸 꺼지고 마는가? 당신의 장작이 너무 젖어있는 것일지도 모른다. 먼저 영적인 불이 붙지 못하도록 방해하는 것으로부터 당신의 마음을 '바짝 말려라'. 오직 마른 나무에만 불이 붙고 타오른다.

They ignite easily, but they burn for a very long time.

Joining
예수님의 혁명에 동참하기 The Jesus Revolution

어떻게 혁명에 동참하는가? 연료를 계속 더해 불을 지피는 것처럼 한동안은, 어느 정도까지는 외적인 자극에 의해서 행동할 수는 있다. 하지만 지속해서 동참하는 사람이 되게 하려고 언제까지 외부에서 자극을 줘야 하겠는가? 과연 어느 때에야 드디어 예수님의 불길을 '잡아' 스스로 타오르겠는가? 예수님의 부르심 안에 있는 비전이 우리의 목마르고 확정된 마음에 불을 붙여, 불길이 활활 타오르게 하는 것이다.

예수님은 하나님 아버지의 집에 대한 열심으로 타오르셨다. 예수님은 열정적으로 기쁘게, 아버지의 일을 **자신의 일과 같이** 섬기셨다. 실제로 아버지의 일이 그분의 일이었기 때문이다. 예수님은 아버지의 목적을 완전히 수행하는 신실한 아들이시다. 예수님께서 말씀하셨다. "나는 나의 뜻대로 하려 하지 않고 나를 보내신 이의 뜻대로 하려 한다" 요 5:30후.

이처럼 우리가 예수님의 부르심에 응답하여 따라갈 때, 우리에게 그분의 불이 붙어 타올라야 한다. 우리의 열심 역시 완전히 점화되어 스스로 불타오르는 데까지 이르러야 한다. 우리는 하나님의 자녀이자 그 나라의 상속자로서 아버지의 집을 위한 거룩한 열심으로 불타올라야 한다. 가족의 일을 나 자신의 일인 양, 열정을 다해 기쁨으로 섬겨야 한다. 예수님께서 제자들에게 하신 말씀을 들으라. "적은 무리여 무서워 말라 너희 아버지께서 그 나라를 너희에게 주시기를 **기뻐하시느니라"**
눅 12:32.

　당신을 부르시는 예수님의 목소리가 들리는가? 당신은 반응할 준비가 되었는가? 머뭇거리는 사람은 놓쳐버릴 것이다. 예수님의 부르심은 카이로스의 순간이다. 당신의 마음은 메마르고 목마른가? 혹은 축축한 나무처럼 푹 젖어버렸는가? 예수님께서 우리를 부르신다. "나를 따르라."

Jesus is calling us to follow Him.

토론을 위한 질문
Questions For Discussion

1. 마른 나무에는 쉽게 불이 붙는다. 반면, 젖은 나무에는 불이 붙지 않는다. 하나님을 향한 영적 갈급함으로 깨어있는 상태가 아니라면, 대개 사람은 그리스도의 부르심에 열정적으로 응하지 않는다. 그리스도의 부르심에 반응하려면 이러한 영적 갈급함이 꼭 필요하다. 그 이유는 무엇이라고 생각하는가?

2. 하나님을 향한 영적 목마름을 방해하는 것들의 예로는 무엇이 있겠는가?

4 혁명가들 깨어있다

Shout to the nations, to this generation
Rise from the dead and awake!
Stand and be counted, now is revival
Rise from the dead and awake!

/ Awake! Awake! Awake! Awake!

/ This is the hour for the church to arise
This is the time for His people to shine
Proclaim to the nations the Truth for all time
Our redeemer lives!

Awake O sleeper,
and rise from the dead
And Christ will give you light
Awake O sleeper,
and rise from the dead
And Christ will give you light

Time for the pure revolution to come
This is the time to awaken the dawn
Shake off the dust, let a new sound arise
Our redeemer lives!

/ Now is the time for the saints to arise
Now is the time for His glory to shine
Declare to the nations the hope for our time
Our redeemer reigns!

AWAKE! 주의 빛이 비추리니 너 깨어날지라
AWAKE! 죽은 자들 가운데서 너 일어날지라

성도여 이제 일어날 때라 주의 영광을 비추일 때라
열방의 소망을 선포하여라 주 다스리네

/ Now is the time for revival to come
Now is the time to awaken the dawn
Oh, lift up your voice,
let a new song arise
Our redeemer reigns!

부흥의 때가 다가왔으니 일어나 새벽을 깨우리라
목소리를 높여 새 노래해주 다스리네

Awake! Awake! Awake! Awake!

소리칠지라 이 세대 열방아 잠에서 깨어나라
결단할지라 이제 부흥이다 잠에서 깨어나라

Awake!

Revolutionaries Are Awake
혁명가는 깨어있다

4

그러므로 이르시기를 잠자는 자여 깨어서 죽은 자들 가운데서 일어나라
그리스도께서 너에게 비추시리라 하셨느니라

엡 5:14

4.
혁명가는 깨어있다

영적으로 '깨어있다'는 것의 의미는 무엇인가? 성경에서 '깨어나다'라는 말은 종종 영적인 각성과 자각을 나타낸다. 반대로 영적으로 잠들어 있는 것은 영적 무감각에 굴복하여 영적인 지각이 없어진 상태를 의미한다.

시편에서 다윗은 하나님을 개인적이고 의도적으로 찬양함으로써 스스로 권면하여 영적으로 깨어나도록 했다. "내 영광아 깰지어다 비파야 수금아 깰지어다 내가 새벽을 깨우리로다"

시 57:8.

사람이 어떻게 새벽을 깨울 수 있는가? 분명 다윗은 어떤 외부적 조건(아침 해와 같은)이 자기를 깨울 때까지 기다리지 않았다. 오히려 다윗은 새벽이 그를 깨워주기를 기다리는 대신, 영적인 주도권을 가지고 스스로 새벽을 깨우기로 결단한 것이다. 이것이 영적 혁명의 동기이다.

혁명가는 촉매제다. 그들은 불을 붙이는 사람들이다. 그들은 영적으로 깨어있는 상태를 유지하기 위해 의지적으로 책임을 진다. 그들은 어쩌다가 부흥이 일어나기를 기다리고만 있지 않는다. 그들은 새벽을 깨운다. 이것이 부흥을 일으키는 사람의 영적 DNA이다.

Jesus Spoke in Veiled Mysteries
예수님께서 감추어진 비밀로 말씀하셨다

예수님께서 군중에게는 비유로만 말씀하시고 그 의미를 설명하지 않으실 때가 많이 있었다. 반대로 제자들에게는 분명하고 명확하게 말씀해 주셨다. 제자들에게는 비유의 의미를 설명해 주셨다.

의아한 제자들은 예수님께 '왜 군중에게는 수수께끼로 이야기하시고, 우리에게는 풀어서 설명해 주시나요?'라고 여쭈어보았다. 예수님께서는 무리와 제자들 사이에 명확한 구분을 두셨다. 물론, 무리 중에서도 호기심에서든 혹은 좋은 말씀을 듣기 위해서든, 예수님의 집회에 기쁘게 참석했던 사람이 있을 수 있다. 하지만 제자는 하늘의 궁극적인 권위에 자신의 삶을 내어놓은 사람이다.

제자들이 그리스도의 말씀을 듣는 것과 무리가 말씀을 듣는 것은 다르다. 제자의 영적 자각은 다르다. 왜냐하면, 제자에게는 그리스도께서 말씀하시는 것을 신뢰하고 순종하겠다는 마음이 먼저 준비되어 있기 때문이다. 예수님의 말씀을 전부 다 이해하지 못한다고 해도, 제자들은 그리스도의 권위를 인정하기 때문에 그의 가르침을 권위 있는 것으로 받아들인다. 이렇게 마음을 준비하는 것은 영적 각성과 자각에 반드시 필요한 선행 조건이다.

> **A person in the crowd might gladly attend one of Jesus' meetings, either out of curiosity or to hear good preaching. But a disciple is one who has submitted his life to heaven's ultimate authority.**

The Awake Mandate
깨어나라는 명령

바울은 기록한다. "그러므로 이르시기를 잠자는 자여 깨어서 죽은 자들 가운데서 일어나라 그리스도께서 너에게 비추이시리라 하셨느니라" 엡 5:14. 성경학자들은 아마도 이것이 1세기 기독교인들이 초기에 부르던 찬송가의 가사였을 것이라고 말한다. 바울은 성령님의 인도하심으로 이것이 예언적인 말씀임을 인지하였다. 하나님께서 그분의 교회에 말씀하고 계신 것이다.

이 말씀이 하나의 '명령'인 것을 주시해야 한다. "잠자는 자여 깨어서 죽은 자들 가운데서 일어나라!" 언제까지 하나님께서 우리를 위해 모든 것을 해주시기만을 바랄 것인가? 때때로 우리는 하나님께서 말씀하신 것을 이행하지 않는 우리의 태만을 정당화하기 위해 하나님의 전지전능함을 핑계로 삼으며 편리하게 이용하지는 않는가? 우리 구주의 명확한 말씀을 들어보라. "너희는 나를 불러 주여 주여 하면서도 어찌하여 내가 말하는 것을 행하지 아니하느냐" 눅 6:46.

바울이 쓴 구절을 보라. "그러므로 이르시기를..." 이것은 '하나님'께서 친히 우리에게 명하시는 것이다. "**깨어나라!**" 이것은 단순한 제안이 아니다. 하나님은 모든 그리스도인이 의식적으로, 그리고 의도적으로 깨어 일어나길 기대하신다. 예수님의 약속은 예수님의 말씀대로 행하는 자들에게 해당한다. 우리가 깨어서 죽은 자들 가운데서 일어나면, 그리스도께서는 우리에게 비추실 것이다.

성경에서는 '깨어나다'라는 단어가 부활을 뜻하기도 한다. 바울이 그 당시의 찬송을 인용할 때에도 같은 의미로 사용한 것이었다. "깨어서 죽은 자들 가운데서 일어나라." 그렇다면 완벽하지 않은 인간이 어떻게 자신의 영적 부활에 참여할 수 있다는 것인가? 그리스도께서 우리에게 말씀하신 것을 또한 기억해보자. "나를 떠나서는 너희가 아무 것도 할 수 없음이라" 요 15:5후. 예수님은 우리가 그분의 능력을 받지 않으면 도저히 할 수 없는 일임을 아시면서도, 종종 우리에게 불가능을 명하기를 좋아하신다.

The Man with the Withered Hand
손 마른 사람

예수님께서 안식일에 회당에서 설교해달라는 초청을 받으신 적이 있다. 예수님께서는 그곳에서 손이 마른 불구인 사람을 보셨다. 예수님은 그에게 명하셨다. "네 손을 펴라." 보통의 상황이었다면 불가능했을 것이다. 그러나 명령하신 분이 예수님이셨기에 이번에는 달랐다. 그는 예수님께 순종했고, 전에는 불가능했던 일을 자신이 행하였다는 것을 발견하게 된다.

예수님은 종종 우리의 능력으로는 불가능한 것들을 하라고 명령하신다. 그러나 명령하신 분이 예수님이시기 때문에 우리가 단순히 믿고 순종하면, 그가 말씀하신 것을 우리가 온전히 행할 수 있다는 사실에 기뻐하며 놀라게 될 것이다. 왜냐하면, 그리스도의 명령 안에는 그것을 할 수 있는 능력이 들어있기 때문이다.

예수님께서는 무엇을 하라고 명하실 때, 그 말씀 하신 것을 할 수 있는 초자연적인 능력을 항상 부여하신다. 우리가 변명을 멈추고 가능케 하시는 주님의 능력을 믿는다면, 손 마른 남자와 같이 '내게 능력 주시는 자 안에서 내가 모든 것을 할 수 있다' 빌 4:13 는 것을 발견하게 될 것이다.

The Valley of Dry Bones
마른 뼈들의 골짜기

하나님께서는 선지자 에스겔에게 마른 뼈들의 골짜기에 대한 환상을 보여주셨다. 하나님께서 물으셨다. "인자야 이 뼈들이 능히 살 수 있겠느냐?" 에스겔이 대답하였다. "오 주 나의 하나님이시여 당신께서 아시나이다." 그러자 하나님께서 에스겔에게 지시하셨다.

> 또 내게 이르시되 너는 이 모든 뼈에게 대언하여 이르기를 너희 마른 뼈들아 여호와의 말씀을 들을지어다 주 여호와께서 이 뼈들에게 이같이 말씀하시기를 내가 생기를 너희에게 들어가게 하리니 너희가 살아나리라 너희 위에 힘줄을 두고 살을 입히고 가죽으로 덮고 너희 속에 생기를 넣으리니 너희가 살아나리라 또 내가 여호와인 줄 너희가 알리라 하셨다 하라 겔 37:4~6

에스겔은 지시를 받은 대로 예언하였다. 그러자 힘줄과 살들이 마른 뼈에 붙는 것을 보았다. 그러나 여전히 생명의 호흡은 들어가지 않은 상태였다. 그때 하나님께서 그에게 다시 말씀하셨다.

또 내게 이르시되 인자야 너는 생기를 향하여 대언하라 생기에게 대언하여 이르기를 주 여호와께서 이같이 말씀하시기를 생기야 사방에서부터 와서 이 죽음을 당한 자에게 불어서 살아나게 하라 하셨다 하라 겔 37:9

에스겔이 하나님의 말씀대로 하자 환상 가운데 군대가 살아나 두 발로 선 것을 보게 되었다. 하나님은 이 환상을 통해서 하나님의 능력으로 백성을 깨울 것이고, 그들에게 당신의 영을 불어 넣으리라고 말씀하셨다.

내가 또 내 영을 너희 속에 두어 너희가 살아나게 하고 내가 또 너희를 너희 고국 땅에 두리니 나 여호와가 이 일을 말하고 이룬 줄을 너희가 알리라 여호와의 말씀이니라 겔 37:14

뼈대, 그 이상 More than a Structure

뼈대는 구조를 말한다. 사람의 몸에는 구조가 필요하다. 구조 없이는 제대로 기능할 수 없다. 해파리같이 무력할 뿐이다. 우리는 구조, 질서, 그리고 설계와 같은 선물들로 말미암아 하나님께 감사해야 한다.

그러나 우리의 몸은 뼈대 그 이상이다. 호흡이 없다면 그 몸은 생명이 없는 것이다. 그러므로 뼈대가 없는 몸에는 힘이 없고, 호흡이 없는 뼈대에는 생명이 없다.

예수 그리스도의 교회는 구조나 조직 그 이상이다. 우리는 하나님께서 불어 넣어주시는 생기로 깨어나야 한다. 교회는 생명을 주시는 성령의 능력을 입어야 한다.

Spirit-Led or Program-Driven
성령이 이끄시는가 아니면 프로그램이 이끄는가

우리는 성령님의 권능으로 충만하여 그분의 인도하심을 받고 있는가? 아니면 프로그램에 끌려다니며 성과중심이 되어 버렸는가? 교회는 영적으로 살아 있는 유기체이지, 죽은 제도가 아니다. 우리는 성령님께 주권을 넘겨 드리는 것을 배워야 한다. 하나님께서는 당신의 교회를 돌려받기 원하신다.

그렇다면 '성령 충만하다'의 의미는 무엇인가? 하나님의 영으로 채움을 받는 것은 단순히 황홀한 체험을 하는 것만이 아니다. 이것은 그리스도의 본질이 우리에게 온전히 스며드는 것이다. 예수님의 마음, 가치, 열정, 그리고 목적에 푹 잠겨서 흘러 넘치는 것이다.

요한계시록을 보면 예수님께서 문을 두드리시며 들어가고자 기다리시는 것을 볼 수 있다.

> 볼지어다 내가 문 밖에 서서 두드리노니 누구든지 내 음성을 듣고 문을 열면 내가 그에게로 들어가 그와 더불어 먹고 그는 나와 더불어 먹으리라 계 3:20

예수님께서는 믿지 않는 사람들이 아니라, 바로 당신의 교회에게 말씀하고 계신다. 예수님은 예수님의 교회에게 이렇게 말씀하시는 것이다. "너희는 나를 밖에 내버려 두고 문을 닫아버렸구나. 나는 나의 교회에 다시 들어가기를 원한다."

우리는 예수님을 그분의 소유인 교회 밖에 두고 효과적으로 차단해 버린 것은 아닌가? 우리 스스로 여러 가지 일을 해내느라 너무 분주하지는 않은가? 교회의 제 일의 우선순위는 오직 예수님 한 분이 되어야 한다.

영적 각성을 위한 준비 Preparing for Spiritual Awakening

영적으로 '깨어나다'라는 것은 무엇을 의미하는가? 이를 준비할 수 있을까? 그렇다면 어떻게 준비할 수 있을까? 깨어남은 성경에서 종종 부활이나 새 삶을 나타낸다. 그러므로 영적으로 깨어난다는 것은 영적으로 살아난다는 것이다. 이것은 그리스도 안에서의 거듭남을 나타낸다.

예수님께서는 '깨어나다'라는 말을 부활의 의미로 사용하셨다. 제자들에게 말씀하셨다. "우리 친구 나사로가 잠들었도다 그러나 내가 깨우러 가노라" 요 11:11후. 예수님께서는 '잠들어 있는 것'을 죽음을 나타내는 말로, '깨어남'을 부활과 생명을 나타내는 말로 사용하셨다. 그리스도 안에서 살아난다는 것은 주의 영의 권능으로 깨어난다는 것을 의미한다.

To be Spiritually Awake means to be Spiritually alive

Revival is the Normal Christian Life
부흥은 그리스도인의 일반적인 삶이다

성경에서 '부흥하다revive'⁶라는 단어는 '부활' 또는 '생명이 다시 돌아옴'을 의미한다. 흥미롭게도 우리는 이 동사를 명사(부흥revival)로 바꿔버렸다. 그러나 성경에서는 동사(부흥하다revive)로 쓰였다. 영적인 부흥은 단지 한때의 외부적인 사건이나 특별한 일을 말하는 것이 아니라, 오히려 우리 내면의 영적 상태를 말한다. 부흥은 살아가는 방식이다. 부흥은 그리스도인의 평범한 삶의 모습이 되어야 한다. 우리가 부흥 안에 있지 않다면 그것은 우리가 영적으로 죽어 있다는 말인데, 그 이유는 '부흥하다'라는 뜻이 생명을 다시 얻었다는 것을 의미하기 때문이다.

우리는 영적인 부흥을 기대하며 계속 기도해야 한다. 그러나 우리가 부흥을 위해 기도할 때, 어쩌다가 어딘가 밖에서 부흥이 일어나기를 기대해서는 안 된다. 어떤 '부흥 운동'이 일어나서 우리는 그저 가서 합류하기만 하면 되기를 막연히 바라고 있어서도 안 된다. 오히려 우리 안에서부터 부흥이 시작되도록 기도해야 한다. 우리는 '주여, 부흥을 허락하옵소서, 부흥이 나로부터 시작되게 하옵소서.'라고 기도해야 한다. 기억하라. 하나님께서는 자원자를 선택하시고 받으신다는 사실을.

혁명가는 영적인 결단을 한다. 예수님께서 말씀하셨다. "천국은 침노를 당하나니 침노하는 자는 빼앗느니라"마 11:12후. 하나님 나라의 확장을 가져오는 것은 여호와의 열심이다. 우리는 하나님의 비전 안에서 깨어있어야 한다. 하나님의 비전이 나의 비전이 되어야 한다.

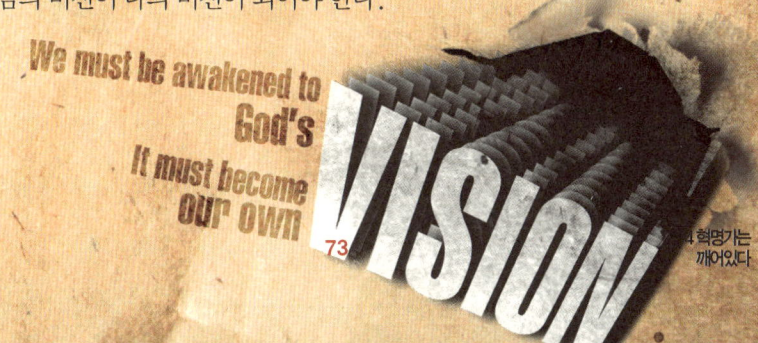

Questions For Discussion

토론을 위한 질문

레볼루션:
어린양의 혁명 THE LAMB'S REVOLUTION

1. 바울이 에베소로 보낸 서신에서 당시의 찬송을 인용하였다. "그러므로 이르시기를 잠자는 자여 깨어서 죽은 자들 가운데서 일어나라 그리스도께서 너에게 비추이시리라 하셨느니라" 엡 5:14. 영적으로 '깨어나다'라는 의미는 무엇인가? 토론해보자.

2. 다윗은 은유적인 언어를 사용하여 이렇게 기록했다. "내가 새벽을 깨우리로다." 이 말씀은 무엇을 의미하는가? 어떻게 우리와 같이 완벽하지 못한, 제한된 사람이 우리 자신의 영적 각성에 참여할 수 있다는 것인가? 토론해보자.

3. 예수님께서 군중에게는 비유로 말씀하셨다. 왜 그렇게 하셨을까? 왜 군중은 예수님의 가르침을 그대로 들을 수 있는 준비가 되어 있지 않았던 걸까?

4. 그리스도의 교회는 단순한 조직이나 제도, 그 이상이다. 우리는 그의 교회로서 성령의 능력과 생명으로 가득 채워져야 한다. '성령으로 충만함'이란 정확히 무엇을 의미하는 것일까? 토론해보자.

WHAT MARKS YOU?

Revolutionaries Are Marked
혁명가는 표시된다

여호와께서 이르시되 너는 예루살렘 성읍 중에 순행하며
그 가운데에서 행하는 모든 가증한 일로 말미암아
탄식하며 우는 자의 이마에 표를 그리라 하시고

겔 9:4

5.
혁명가는 표시된다

 그리스도를 따르는 우리는 '표시가 있다'. 이것은 우리에게는 무언가 구별되는 점이 있어야 한다는 뜻이다. 그리스도 안에 있는 정체성이 우리를 나타낸다. 그리스도를 향한 헌신이 우리를 특징짓는다. 이것은 우리 삶에 있어 보조적인 것이 아니라, 우리의 핵심이다.

 당신이 누구인지 특징지어주는 것은 무엇인가? 당신을 정의하는 것은 무엇인가? 당신을 움직이게 하는 동기는 무엇인가? 당신은 왜 지금의 당신이 되었는가? 왜 어떤 일에는 자연스레 끌리고, 어떤 일에는 그렇지 않은가? 기독 혁명가로서 우리가 가진 이 근원적 비전과 가치들이 우리를 뚜렷하고도 틀림없이 구분 짓는다.

Unmistakable Identification
분명한 정체성

예수 혁명가로서 '표시된다'라는 것은 무슨 의미인가? 이는 당신이 그리스도를 따르는 사람인 것이 눈에 쉽게 띄고, 구분이 된다는 것이다. 조용하게 가만히 있어도 숨길 수가 없다. 예수님을 향한 당신의 사랑이 당신이 누구인가를 정의하는 필수적인 핵심 요소이자 삶의 동기가 되었다.

미국 독립선언문에 서명한 건국인 중 한 사람이었던 존 핸콕 John Hancock은 자신의 서명을 다른 사람보다 훨씬 크게 쓰기로 했다. 그는 이렇게 말한 것이다. "이 건국이념은 내가 분명히 믿고 옹호하는 바이다." 그는 자신의 정체성이 혁명가로서 분명하게 알려지기를 원했다. 오늘날까지도 누군가의 '존 핸콕'이라고 하는 말은 그 사람의 서명을 가리킨다.

Do we have the same boldness and conviction to let the world know what we stand for?

존 핸콕은 망설임 없이, 담대하게 선언문에 서명했다. 존 핸콕 및 다른 건국 수립자들은 이 선언문에 서명함으로써 자신의 생명을 잃어버릴 수도 있는 상황이었다. 그들은 자신들의 이름으로 서명함으로써, 생명을 걸고 영원히 이 혁명에 서약한다는 사실을 세상에 알렸다.

그들과 같이 우리도 예수 혁명가들로서 우리가 믿고 옹호하는 바를 세상이 알도록 하는 열정을 가졌는가? 이 건국자들이 자신들의 혁명에 대해 가졌던 것과 같이, 우리는 확신을 가지고 예수님을 따르는가? 기꺼이 예수님의 혁명이라는 목적에 확고하고 불변하게 우리의 정체성을 부합시키겠는가? 존 핸콕과 건국자들이 가졌던 열정을 보라. 그들은 영원하지 않은, 제한적인 혁명을 위해서도 자신의 삶을 바쳤다. 우리는 그리스도의 제자로서 주님의 영원한 혁명에 이들과 같이 삶을 드릴 수 있겠는가?

Ezekiel's Vision
에스겔의 환상

하나님께서 선지자 에스겔에게 환상을 주셨다. 환상 중에 에스겔은 하나님이 한 천사에게 하나님의 백성 중에서 이스라엘의 죄로 인해 슬퍼하고 마음에 짐을 진 자들의 이마에 표를 하도록 명하시는 것을 보았다. 표를 받은 자들은 남겨진 자들이다. 하나님께서는 그의 백성 중 표를 받지 못한 사람들에게 심판을 쏟으셨다. 하나님께서는 주변에 만연한 죄악에 대해 안주하여 마음이 무뎌진 이스라엘 백성을 심판하셨다.

이 환상에서 에스겔은 하나님께서 백성 중에서 구분하시는 것을 보았다. 하나님은 말로만 믿는 사람들과 진짜 믿는 사람들을 구분하셨다. 진짜 믿음은 주변이 역겨운 어둠과 사악함으로 둘러싸였을 때, 이를 아무렇지 않게 여기거나 받아들일 수가 없다.

영적 죄악들에 대해 울며 슬퍼하는 믿는 자들은 하나님의 마음과 짐을 공유한다. 그러나 자신을 둘러싼 세상 문화의 죄악에 별로 신경이 쓰이지 않고 무감각한 사람은 자기의 안일함으로 말미암아 심판을 받게 될 것이다. 자기 스스로 그리스도인이라 생각하느냐, 아니냐가 중요한 게 아니다. 왜냐하면 자기의 안일함이 진짜 본성과 마음의 상태를 드러내고 있기 때문이다.

Are you marked?

Isaiah's Vision
이사야의 환상

선지자 이사야도 환상을 보았다. 그는 천국으로 이끌려가서 하나님의 보좌 앞에 섰다. 하나님의 영광의 아름다움을 보았을 때, 그는 두 가지를 동시에 깨달았다. 하나님이 얼마나 아름다우시며 지극히 거룩하신지를, 그리고 자신이 얼마나 하나님의 아름다움과 영광으로부터 동떨어져 있는 사람인가를 깨달았다.

이사야가 하나님의 아름다우신 영광의 환상을 보았을 때 그는 두려움과 통탄으로 흐느꼈다. "화로다, 나여!" 그의 고백은 겸손한 척하는 말이 아니었다. 이것은 소망 없는 한 인간이 외칠 수 있는 솔직한 울부짖음이었다. 하나님의 영광의 빛 가운데, 우리는 모두 하나님이 영화로우시며 의로우시다는 것과 동시에 그분의 은혜가 없으면 우리에게는 소망이 전혀 없다는 사실을 깨닫게 된다.

하나님의 영광의 임재 가운데 서 있을 때 이사야는 계시를 얻었다. 그는 이전에는 잘 보이지 않았던 어떤 것을 깨달았다. 자신이 정결하지 못한 입술을 가진 자라는 사실을 깨달은 것이다. 그의 부정한 입술은 정결치 못한 마음의 표현임을 알게 되었다. 사람은 마음에 가득한 것을 입으로 말하기 때문이다.

이사야는 또 다른 것도 깨닫게 되었다. 자신이 부정한 마음과 생각을 가진

사람들 가운데 거했다는 사실을 말이다. 다르게 말하자면 그가 부도덕한 문화 속에 살았다는 것이다. 왜 이전에는 이것을 알지 못했을까? 그동안 이것이 감춰져 있었던 것은, 이사야가 이전에는 하나님의 완전하신 영광의 임재 안에 서 본 적이 없었기 때문이었다.

우리를 둘러싼 문화에는 마치 중력과 같이 '끌어당기는 힘'이 있어서, 사람들을 문화적으로 서로 똑같이 만들어 버리려고 한다. 이러한 일은 보통 서서히 일어나며 잘 감지할 수 없다. 오직 하나님의 거룩하심을 직접 대면하게 될 때 우리가 하나님의 영광에서 얼마나 멀리 떨어져 있는가를 깨닫게 된다. 하나님의 거룩하심이 다림줄이다. 그의 말씀이 우리의 나침반이다. 이것이 우리가 지속적으로 하나님의 영광스러운 임재와 진리의 영향 아래 있어야 하는 이유이다. 이사야의 환상에서, 하나님께서는 천사에게 하나님의 제단에서 핀 숯을 가지고 와서 이사야의 입술에 대도록 명하셨다. 불이 뜨겁게 붙은 숯이 여러분의 입술을 누른다고 상상해보라! 이사야의 입술을 정화하시는 이 장면은 이사야의 성별되지 않은 말들과 행동, 생각, 그리고 소원들을 태워 없애셨음을 보여준다. 이사야와 같이 우리도 하나님의 제단의 불로써 인쳐져야만 한다.

Christians are Salt and Light
그리스도인은 빛과 소금이다

예수님께서 제자들에게 말씀하셨다. "너희는 세상의 빛이다." 빛의 목적은 숨기는 것이 아니라 밝히 비추는 것이다. 등잔의 불을 켜서 그것을 가려 놓는 것은 말이 안 되는 일이다. 그것은 애초에 등잔에 불을 밝힌 목적에 완전히 어긋나는 것이다.

언젠가 나는 세속적인 설교자 한 분이 다음과 같은 말씀을 전하는 것을 듣고 상당히 충격을 받았다. "저도 예수님께서 소금은 좋은 것이라고 말씀하신 것은 잘 알고 있습니다. 그래도 너무 짜면 문제가 있지요. 소금을 너무 치면 맛을 버릴 수 있어요. 그러니 복음을 증거함에 있어 너무 강하게 나가선 안됩니다. 그저 문화에 약간의 풍미만 더 할 수 있도록 아주 조금만 맛을 내면 됩니다." 이러한 생각은 예수님께서 말씀하신 것을 완전히 왜곡한 것이다.

예수님께서 실제로 말씀하신 것은 다음과 같다. "<u>소금은 좋은 것이다. 그러나 소금이 만일 그 맛을 잃으면 그 소금은 아무런 가치가 없다. 어디에도 쓸모가 없다.</u>" 마 5:13 참고 예수님의 말씀에 의하면, '기독교인'이라고는 하지만 그들의 믿음이 아무 맛도 없고 무엇인지도 모르겠다면, 그런 믿음을 가진 기독교인은 쓸모가 없다. 예수님께서는 그런 믿음을 쓸모없는 '믿음'이라고 말씀하신다.

'기독교인'들 중에도 하나님과의 교제를 원하지만, 동시에 세상의 문화로부터 인정과 찬성을 받는 것에 대해 중요하게 생각하는 사람들이 있다. 이들은 다른 이들을 기쁘게 하려는 사람들이 되어 버려서, 그 결과 그리스도를 믿는 믿음 때문에 세상에 '불쾌한' 존재로 여겨지거나 그렇게 인식되기 싫어한다. 그러므로 그들은 세속적 문화를 그대로 수용하기 위해 '맛이 없고' 거슬

리지 않는 방식으로 기독교를 변형한다. 하지만 이것은 결코 예수님께서 사셨던 방식이 아니다.

　예수님은 한 번도 세상 문화에 자신을 맞추셨던 적이 없다. 오히려 그것에 대해 지적하셨다. 믿음대로 사는 것에 대해 변명하지 않는 그 담대한 의지 때문에 예수님은 거부당하셨고, 배척당하셨고, 결국 십자가에서 죽임당하셨다. 바로 **이러한 예수님**을 따르는 대가가 무엇인지, 우리는 이해하고 있는가?

Jesus is the Model Christian
예수님은 그리스도인의 본보기이시다

　예수님께서는 제자들에게 말씀하셨다. "내가 진실로 진실로 너희에게 이르노니 나를 믿는 자는 내가 하는 일을 그도 할 것이요 또한 그보다 큰 일도 하리니 이는 내가 아버지께로 감이라"요 14:12. 예수님은 여기에서 비범한 선언을 하신다. 누구든지 주를 믿는 자는 예수님께서 하신 것과 같은 일을 할 수 있다고 말씀하신다. 예수님께서는 이 말씀을 그대로 믿기 어려워하는 사람들이 있을 것을 아셨는지, 정식 선서에 사용하는 언어로 이 말씀을 시작하신다. "내가 **진실로 진실로** 너희에게 이르노니…"

　예수님께서 말씀하신 '일'은 예수님의 기적만을 의미하는 것이 아니라 예수님의 행동, 성품, 그리고 삶의 방식을 뜻한다. 우리의 주인이신 예수님께서 우리의 본이 되신다. 예수님은 정상적인 그리스도인의 삶의 완벽한 모델이시다. 예수님은 제자들에게 이렇게 말씀하셨다. "내가 너희에게 행한 것 같이 너희도 행하게 하려 하여 **본을 보였노라**" 요 13:15. 사도 요한은 단언한다. "주께서 그러하심과 같이 우리도 **이 세상에서 그러하니라**" 요일 4:17후. 바울 역시 '내가 그리스도를 본받는 자가 된 것 같이 너희는 나를 본받는 자가 되라' 고전 11:1 고 제자들을 권면한다.

아무도 자기 능력과 힘으로는 그리스도를 본받는 자가 될 수 없다. 그리스도를 따르는 것은 하나님의 은혜의 능력이 우리에게 부여될 때 가능하다. 아기가 걸음마를 배우는 것 같이 우리도 어설프게, 표면적인 제자로 시작한다. 하지만 우리가 믿고 순종하면, 마음으로부터 주님을 따르고자 하는 우리의 열정에 성령 하나님께서 불을 붙여 주신다. 하나님은 자기를 진짜 따르는 사람들의 삶 속에서 하나님의 일을 내면으로부터 이루고 계신다. 당신은 진짜 제자인가?

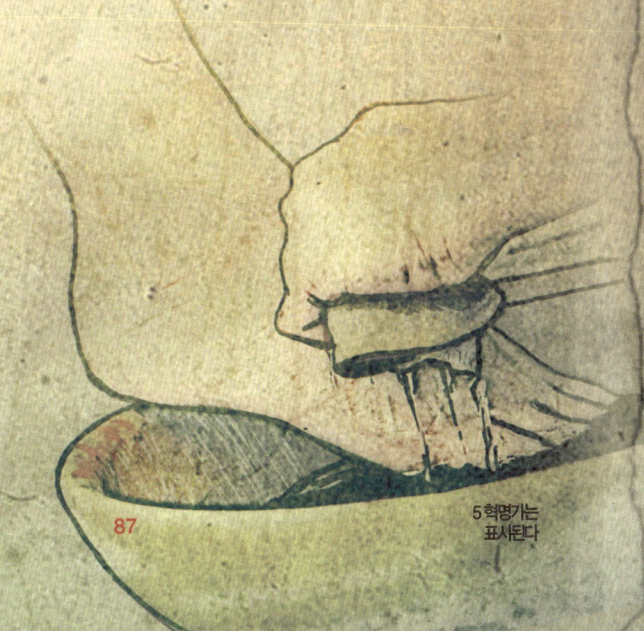

5 혁명가는 표시된다

Our Public Confession of Christ
그리스도를 공개적으로 시인함

그리스도를 믿는 믿음은 단지 예수님이 누구이신지에 대해 바른 견해를 가지고 있는 것만이 아니다. 야고보는 기록한다. "네가 하나님은 한 분이신 줄을 믿느냐 잘하는도다 귀신들도 믿고 떠느니라"약 2:19. 이러한 명목상의 믿음은 구원받을 수 있는 믿음이 아니다.

바울은 기록한다.

> 네가 만일 네 입으로 예수를 주로 시인하며 또 하나님께서 그를 죽은 자 가운데서 살리신 것을 네 마음에 믿으면 구원을 받으리라 사람이 마음으로 믿어 의에 이르고 입으로 시인하여 구원에 이르느니라 롬 10:9~10

여기서 바울은 구원에 관해 두 가지 필수 요소인, 공개적인 시인과 내적인 믿음에 대해 밝힌다. 여기에서 '시인하다(헬라어 호모로지오 ὁμολογέω. 문자 그대로 '같은 것을 말하는 것'이라는 뜻)'라는 단어는 공개적으로 선언함으로써 동의한다는 뜻이다. 고백 안에는 내적으로 그리고 외적으로 예수님께 동의함이 포함되어 있다. 그러므로 우리의 공개적인 고백에는 내적인 동의가 반드시 함께 있어야 한다. 예수님께서 말씀하셨다. "너희는 나를 불러 주여 주여 하면서도 어찌하여 내가 말하는 것을 행하지 아니하느냐" 눅 6:46.

  스스로 그리스도인이라고 말한다고 해서 그리스도인이 되는 것은 아니다. 그리스도인이라고 말한다면 반드시 그리스도인답게 살아야 한다. 우리가 공개적으로 고백하는 것이 우리 안에 있는 믿음의 실체를 명확하게 드러내는 것이 되어야 한다.

Believing With the Heart
마음으로 믿는 것

바울은 기록한다. "사람이 마음으로 믿어 의에 이르고". 이름 뿐인 믿음은 마음으로 믿는 믿음과는 다르다. 예수님께서는 가장 큰 계명이 '네 마음을 다하고 목숨을 다하고 뜻 다하고 힘을 다하여 하나님을 사랑하는 것'막 12:30 이라고 말씀하신다. 바로 이것이 '마음으로 믿는 믿음'이 본질적으로 뜻하는 것이다. 예수님께서는 "네 보물 있는 그 곳에는 네 마음도 있느니라" 마 6:21 라고 말씀하셨다. 그러므로 마음으로 믿는 것은 예수님을 우리가 가진 최고의 보물로서 가치를 둔다는 것이다. 마음으로 믿는 것은 기꺼이 모든 것 위에 그리스도를 최고의 가치로 둔다는 것을 뜻한다.

바울은 이렇게 마음으로 믿는 것이 결국 그리스도의 의로운 성품, 즉 새로운 성품을 낳는다고 기록한다. "사람이 마음으로 믿어 의에 이르고". 진정 마음으로 그리스도를 믿는 믿음은 새로운 성품 new nature 을 낳는다. 바울이 '의에 이른다'고 한 것은 단지 그리스도 안에서 우리가 있는 위치가 변화되는 것만이 아니라, 그리스도 안에서 거듭나 새로운 성품을 받는 것까지를 말하는 것이다. 바울은 성경의 다른 곳에서도 이를 확언하고 있다. "그런즉 누구든지 그리스도 안에 있으면 새로운 피조물이라 이전 것은 지나갔으니 보라 새 것이 되었도다" 고후 5:17.

Whoever Confesses Christ
누구든지 그리스도를 시인하면

사람이 마음으로 예수님을 믿을 때 예수님을 공개적으로 시인하는 것은 어렵지 않다. 인간은 자기가 가장 사랑하는 것에 대해 말하는 것을 즐거워한다. 그래서 그리스도를 공개적으로 시인하는 것은 단지 자신을 그리스도인이라고 말하는 것 이상이다. 그것은 삶의 방식이 된다.

예수님께서 말씀하셨다.

> 내가 또한 너희에게 말하노니 누구든지 사람 앞에서 나를 시인하면 인자도 하나님의 사자들 앞에서 그를 시인할 것이요 사람 앞에서 나를 부인하는 자는 하나님의 사자들 앞에서 부인을 당하리라 눅 12:8~9

고백은 대외적이고 공개적이다. 그러나 자신이 그리스도인이라고 말하기만 하면 구원을 받는다는 뜻은 아니다. 예수님께서 말씀하셨다.

> 나더러 **주여 주여 하는 자**마다 다 천국에 들어갈 것이 아니요 다만 하늘에 계신 내 아버지의 뜻대로 **행하는 자**라야 들어가리라 마 7:21

진짜 믿음의 고백에는 그리스도 안에서의 새 성품에서 비롯된 참된 행함이 동반되어야 한다. 만일 우리가 그리스도의 것이라고 공언한다면 우리의 성품과 삶의 방식이 그 고백을 입증해야 한다. 바울은 다음과 같은 사람들에 대해 기록한다.

> 그들이 하나님을 시인하나 행위로는 부인하니 가증한 자요 복종하지 아니하는 자요 모든 선한 일을 버리는 자니라 딛 1:16

Passing the Test
시험을 통과하기

이 말씀에서 '버리다'(헬라어로 아도키모스 ἀδόκιμος)라는 단어는 '시험을 견디지 못하다'라는 뜻이다. 예를 들어, 공장에서 생산된 제품들은 여러 단계의 품질 시험과 검사를 거친다. 각각의 생산품들은 출시 전에 반드시 검사를 거쳐 판매 승인을 받아야 한다. 제품에 결함이 발견되면 이것은 아도키모스 ἀδόκιμος(시험에 통과하지 못함)가 되어 승인받지 못하고 버려진다.

1세기에는 이 용어가 금속이나 주화를 달아볼 때 쓰였는데, 표시된 것과 실제의 무게와 질이 일치하는지 확인하기 위하여 사용되었다. 만일 주화의 최소 무게나 순도에 미치지 못하는 동전이 발견되면 그것은 아도키모스 ἀδόκιμος로 간주하여 승인받지 못하고 거부되었다.

그러므로 우리의 믿음의 고백은 우리가

다른 사람들에게 그냥 '말하는 것'보다는 더 큰 의미가 있다. 하나님께서는 심판의 날에, 각각 삶에서 겉으로 드러난 것이 내면의 실제와 일치하는지 시험해 보실 것이다. 바울은 기록한다.

> 만일 누구든지 금이나 은이나 보석이나 나무나 풀이나 짚으로 이 터 위에 세우면 각 사람의 공적이 나타날 터인데 그 날이 공적을 밝히리니 이는 불로 나타내고 그 불이 각 사람의 공적이 어떠한 것을 시험할 것임이라 만일 누구든지 그 위에 세운 공적이 그대로 있으면 상을 받고 누구든지 그 공적이 불타면 해를 받으리니 그러나 자신은 구원을 받되 불 가운데서 받은 것 같으리라 고전 3:12~15

바울이 말한 '구원을 받되 불 가운데서 받은 것 같으리라'의 의미는 무엇인가? 하나님의 불은 그리스도인의 공적을 시험하는 것뿐만 아니라, 진정으로 거듭난 자인지 아닌지를 드러내실 것이다. 불은 닿는 모든 것들을 시험한다. 불에 의해 소멸할 수 있는 것이라면, 불이 닿자마자 타서 결국은 재가 되어버릴 것이다. 반면, 불에 타지 않는 것들(금, 은, 보석들)은 불이 그 안에 있는 불순물은 다 태워버리고 순수한 광물 그 자체만을 남길 것이다. 그러니까 불은 그것의 진짜 정체를 시험하고 증명한다.

Revolutionaries are Unapologetic and Unashamed
혁명가는 변명하지도 부끄러워하지도 않는다

　명목상의 신앙인은 소위 자신의 '믿음' 때문에 불편해지는 것을 피하려 할 것이다. 반면에 진짜 신앙인은 기꺼이 대가를 치르려 할 것이고, 심지어 그것이 대가라고 생각하지도 않을 것이다. 진짜로 믿는 사람은 단지 자신이 믿는 바를 굳게 지지할 뿐이다.

　혁명가들은 진짜 믿는 자들이다. 그들은 믿는 바에 대하여 변명하지도, 부끄러워하지도 않는다. 왜냐하면, 그것이 자신들의 믿음의 핵심이기 때문이다. 확설히 기독교 교리는 진짜 믿음에 있어 핵심이며 필수이다. 하지만 진짜 믿는 자는 자기의 믿음을 증명하는 구절이나, 믿음의 선언문 같은 것 뒤에 숨을 필요가 없다. 삶 자체가 믿음의 선언이기 때문이다. 그는 자기가 믿는다고 말한 그대로 살아간다. 그의 행동이 말보다 더 크게 말해준다. 그러므로 우리는 기독교 혁명가로서, 메시지대로 살라는 부르심을 받은 것이다.

Revolutionaries are "Marked"
혁명가는 표시된다

대개 '표시된다'는 말은 부정적인 의미로 연결된다. 창세기를 읽어 보면 살인자 가인은 '표시된 자'였다. 이와 비슷하게 요한계시록에 묘사된 '짐승의 표'를 생각해 볼 수 있다. 대개 우리는 '표시된다'라는 것을 부정적으로 간주하여 싫어한다.

하지만 '표시된다'는 것은 긍정적인 의미를 뜻하기도 한다. 우리는 그리스도의 제자로 표시되었다. 나는 무엇을 대표하는 사람인가? 내 삶이 일관된 메시지를 전하고 있는가? 그리스도를 고백하는 믿음이, 내가 사는 방식을 통해 명확하게 전달되는가? 나는 내가 말하는 대로 **걸어가고** 있는가?

기독교는 메시지다. 복음은 실화이다. 복음에는 결론을 향해 간다. 그리스도에 관한 올바른 정보는 꼭 필요하다. 반드시 바르게 전달되어야 하고 또한 바르게 이해되어야 한다. 그러나 우리가 어떻게 그 메시지를 전달하느냐 하는 것 역시 중요하다.

믿는 자로서 우리는 단지 예수님의 메시지를 말로만 반복할 것이 아니라, 우리의 삶 자체가 그분의 메시지가 되도록 부르심을 받았다. 우리는 그분의 메시지가 되어야 한다. 예수님의 이야기가 우리의 삶에서 계속 되어야 한다. 그리스도인으로서, 우리의 삶이 예수님이 진정 누구이신가에 대해 다시금 분명하고 틀림없이 말해주는 열린 책이 되어야 한다.

레볼루션:
어린양의 혁명 THE LAMB'S REVOLUTION

1. 각 사람은 독특한 인격과 가치관을 가지고 있다. 한 사람의 인격체로서 당신을 설명해주는 표시들은 무엇인가? 당신은 어떤 사람으로 잘 알려졌는가? 다른 이들은 당신을 어떻게 보고 있는가? 한 인격체로서 당신이 표시되는 것에 있어서, 당신과 예수님의 관계가 얼마나 연관되어 표출되는가?

2. 에스겔의 환상에서 하나님은 자기가 속한 세상의 불의와 죄악에 대해 슬피 우는 자들에게 표시하셨다. 우리는 어떠한가? 이처럼 하나님께서 현실에 타협하는 사람들과 우리 사회의 타락에 대해 진정 마음의 짐을 지고 있는 사람들을 구별하신다고 믿는가? 토론해보라.

3. 이사야는 하나님의 영광을 환상으로 보았다. 이 환상은 그가 하나님의 영광에 얼마나 못 미치는 사람인가를 깨닫도록 그를 일깨워주었다. 왜 이사야가 이전에는 이것을 깨닫지 못했는가? 당신은 우리가 영적으로 깨어나도록 삶을 변화시키는 하나님의 영광의 계시가 필요하다고 생각하는가? 토론해보라.

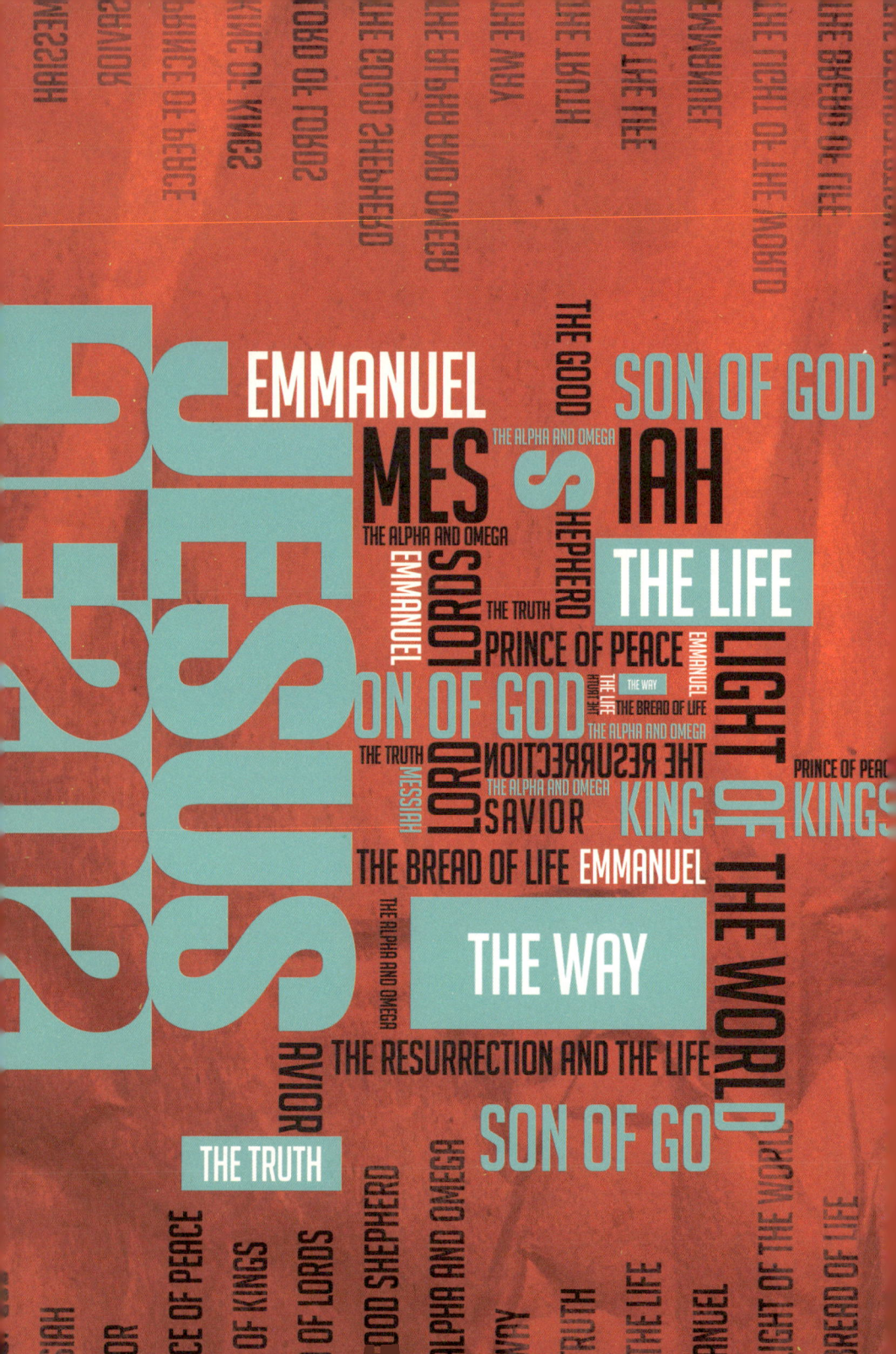

6 The Lamb's Revolution
어린양의 혁명

6

THE LAMB'S REVOLUTION
어린양의 혁명

어린 양이 어디로 인도하든지 따라가는 자며
사람 가운데에서 속량함을 받아 처음 익은 열매로
하나님과 어린 양에게 속한 자들이니

계 14:4

6.
어린양의 혁명

성경에는 예수님의 많은 이름이 기록되어있다. 하나님의 아들, 메시아, 구세주, 평화의 왕자, 왕의 왕, 주의 주, 선한 목자, 알파와 오메가, 길과 진리와 생명, 임마누엘, 세상의 빛, 생명의 떡, 부활과 생명 등 이 밖에도 많다. 각각의 이름은 하나님의 아들에 대해 각기 다른 면모를 드러낸다.

예수님의 이름 중 중요한 하나는 '**하나님의 어린양**'이다. 침례 요한은 예수님이 누구이신지 드러내기 위해서 이 이름을 사용했다.

> 이튿날 요한이 예수께서 자기에게 나아오심을 보고 이르되 보라 세상 죄를 지고 가는 하나님의 어린 양이로다 요 1:29

침례 요한이 예수님을 하나님의 어린양이라고 칭하는 것을 들었던 사람들은 이 말에 중요한 의미가 있음을 알았을 것이다. 유월절 희생양은 매년 유월절에 드려졌다. 또한 이스라엘 백성은 매일 희생 제물 드리는 것을 지켜 행했다. 그러므로 그들은 이스라엘의 희생 제사 제도에서 죄를 대신 속량하는 희생양의 의미를 이해하고 있었을 것이다. 그러나 희생양으로 오신 메시아에 대한 개념은 분명하게 와 닿지는 않았다.

Jesus
예수, 우리의 유월절 어린양 Our Passover Lamb

예수님께서 공생애 첫 시작부터 하나님의 어린양으로 명명되었음을 인식하는 것은 중요하다. 갈보리 십자가에 달려 죽으심은 결코 실패가 아니며, 오히려 그의 목적을 완전히 이루신 것이다. 예수님은 그의 생명을 대속물로 내어주시기 위하여 이 세상에 오셨다.

> 인자가 온 것은 섬김을 받으려 함이 아니라 도리어 섬기려 하고 자기 목숨을 많은 사람의 대속물로 주려 함이니라 마 20:28

예수님은 유월절의 진정한 완성이다. 사도 바울은 예수님이 우리의 유월절 희생이시라고 기록했다. "우리의 유월절 양 곧 그리스도께서 희생되셨느니라"고전 5:7후. 베드로 역시 우리 믿는 자들은 '오직 흠 없고 점 없는 어린 양 같은 그리스도의 보배로운 피로' 벧전 1:19 구원을 받았다고 기록하고 있다.

구약의 많은 선지자들이 메시아가 인류의 죄로 인하여 고난받을 것임을 성경에서 증언하였다. 선지자 이사야는 그리스도가 오시기 600여 년 전에 이것을 예언하였다. 사 53:4~12

이사야 53장 　　　　　Isaiah 53

53 우리가 전한 것을 누가 믿었느냐 여호와의 팔이 누구에게 나타났느냐
2 그는 주 앞에서 자라나기를 연한 순 같고 마른 땅에서 나온 뿌리 같아서 고운 모양도 없고 풍채도 없은즉 우리가 보기에 흠모할 만한 아름다운 것이 없도다
3 그는 멸시를 받아 사람들에게 버림 받았으며 간고를 많이 겪었으며 질고를 아는 자라 마치 사람들이 그에게서 얼굴을 가리는 것 같이 멸시를 당하였고 우리도 그를 귀히 여기지 아니하였도다
4 그는 실로 우리의 질고를 지고 우리의 슬픔을 당하였거늘 우리는 생각하기를 그는 징벌을 받아 하나님께 맞으며 고난을 당한다 하였노라
5 그가 찔림은 우리의 허물 때문이요 그가 상함은 우리의 죄악 때문이라 그가 징계를 받으므로 우리는 평화를 누리고 그가 채찍에 맞으므로 우리는 나음을 받았도다
6 우리는 다 양 같아서 그릇 행하여 각기 제 길로 갔거늘 여호와께서는 우리 모두의 죄악을 그에게 담당시키셨도다
7 그가 곤욕을 당하여 괴로울 때에도 그의 입을 열지 아니하였음이여 마치 도수장으로 끌려 가는 어린 양과 털 깎는 자 앞에서 잠잠한 양 같이 그의 입을 열지 아니하였도다
8 그는 곤욕과 심문을 당하고 끌려 갔으나 그 세대 중에 누가 생각하기를 그가 살아 있는 자들의 땅에서 끊어짐은 마땅히 형벌 받을 내 백성의 허물 때문이라 하였으리요
9 그는 강포를 행하지 아니하였고 그의 입에 거짓이 없었으나 그의 무덤이 악인들과 함께 있었으며 그가 죽은 후에 부자와 함께 있었도다

10 여호와께서 그에게 상함을 받게 하시기를 원하사 질고를 당하게 하셨은즉 그의 영혼을 속건제물로 드리기에 이르면 그가 씨를 보게 되며 그의 날은 길 것이요 또 그의 손으로 여호와께서 기뻐하시는 뜻을 성취하리로다
11 그가 자기 영혼의 수고한 것을 보고 만족하게 여길 것이라 나의 의로운 종이 자기 지식으로 많은 사람을 의롭게 하며 또 그들의 죄악을 친히 담당하리로다
12 그러므로 내가 그에게 존귀한 자와 함께 몫을 받게 하며 강한 자와 함께 탈취한 것을 나누게 하리니 이는 그가 자기 영혼을 버려 사망에 이르게 하며 범죄자 중 하나로 헤아림을 받았음이니라 그러나 그가 많은 사람의 죄를 담당하며 범죄자를 위하여 기도하였느니라

니하리라 놀라지 말라 네가 부끄러움을 당하지 아니하리라 네가 네 젊었을 때의 수치를 잊겠고 과부 때의 치욕을 다시 기억함이 없으리니

6 어린양의 혁명

어떤 이들은 구약의 이사야서를 '다섯 번째 복음서'라고 부르기도 하는데, 이는 그리스도의 고난뿐 아니라, 그 고난의 이유에 대해서도 놀랍도록 상세하게 예언하고 있기 때문이다. 예수님은 우리의 질고를 지고 슬픔을 당하셨다. 그가 찔림은 우리의 허물을 인함이요 그의 상함은 우리의 죄악 때문이다. 우리가 평화를 누리고, 하나님과 화목하게 하시려고 징계를 받으셨다. 예수님이 채찍에 맞음으로 우리가 나음을 입었다.

하나님은 세상의 죄를 하나님의 아들에게 지우셨다. 예수님은 도수장으로 끌려가는 희생의 어린양이셨다. 순한 양처럼 고발자들 앞에서 침묵하셨다. 부당하게 십자가에 못 박히셨으며, 미천한 죽음을 당하셨다. 예수님은 자신이 행한 어떤 일 때문이 아니라, 하나님의 백성의 죄악 때문에 살아있는 자들의 땅에서 끊어짐을 당하셨다.

이사야 선지자는 '여호와께서 그에게 상함을 받게 하시기를 원하사'라고 기록했다. 왜일까? 하나님께서 예수님의 영혼을 '속죄를 위한 제물'로 만드셨기 때문이다. 예수님은 세상 죄를 지고 가는 하나님의 어린양이시다. 예수님은 우리의 죄악을 그분의 몸에 친히 지시고 십자가에 달려 죽으셨다. 예수님은 '범죄자 중 하나로 헤아림을 받으셨다'. 그는 우리의 죄를 지고 자기 영혼을 죽음에 쏟아 버리셨다. 그의 죽으심은 우리를 위한 완전한 중보가 되셨다.

사도 바울은 기록했다. 고후 5:18~21

고린도후서 5장

5 만일 땅에 있는 우리의 장막 집이 무너지면 하나님께서 지으신 집 곧 손으로 지은 것이 아니요 하늘에 있는 영원한 집이 우리에게 있는 줄 아느니라
2 참으로 우리가 여기 있어 탄식하며 하늘로부터 오는 우리 처소로 덧입기를 간절히 사모하노라
3 이렇게 입음은 우리가 벗은 자들로 발견되지 않으려 함이라
4 참으로 이 장막에 있는 우리가 짐진 것 같이 탄식하는 것은 벗고자 함이 아니요 오히려 덧입고자 함이니 죽을 것이 생명에 삼킨 바 되게 하려 함이라
5 곧 이것을 우리에게 이루게 하시고 보증으로 성령을 우리에게 주신 이는 하나님이시니라
6 그러므로 우리가 항상 담대하여 몸으로 있을 때에는 주와 따로 있는 줄을 아노니
7 이는 우리가 믿음으로 행하고 보는 것으로 행하지 아니함이로라
8 우리가 담대하여 원하는 바는 차라리 몸을 떠나 주와 함께 있는 그것이라
9 그런즉 우리는 몸으로 있든지 떠나든지 주를 기쁘시게 하는 자가 되기를 힘쓰노라
10 이는 우리가 다 반드시 그리스도의 심판대 앞에 나타나게 되어 각각 선악간에 그 몸으로 행한 것을 따라 받으려 함이라
 화목하게 하는 직분
11 우리는 주의 두려우심을 알므로 사람들을 권면하거니와 우리가 하나님 앞에 알리어졌으니 또 너희의 양심에도 알리어지기를 바라노라
12 우리가 다시 너희에게 자천하는 것이 아니요 오직 우리로 말미암아 자랑할 기회를 너희에게 주어 마음으로 하지 않고 외모로 자랑하는 자들에게 대답하게 하려 하는 것이라
13 우리가 만일 미쳤어도 하나님을 위한 것이요 정신이 온전하여도 너희를 위한 것이니
14 그리스도의 사랑이 우리를 강권하시는도다 우리가 생각하건대 한 사람이 모든 사람을 대신하여 죽었은즉 모든 사람이 죽은 것이라
15 그가 모든 사람을 대신하여 죽으심은 살아 있는 자들로 하여금 다시는 그들 자신을 위하여 살지 않고 오직 그들을 대신하여 죽었다가 다시 살아나신 이를 위하여 살게 하려 함이라
16 그러므로 우리가 이제부터는 어떤 사람도 육신을 따라 알지 아니하노라 비록 우리가 그리스도도 육신을 따라 알았으나 이제부터는 그같이 알지 아니하노라
17 그런즉 누구든지 그리스도 안에 있으면 새로운 피조물이라 이전 것은 지나갔으니 보라 새 것이 되었도다
18 모든 것이 하나님께로서 났으며 그가 그리스도로 말미암아 우리를 자기와 화목하게 하시고 또 우리에게 화목하게 하는 직분을 주셨으니
19 곧 하나님께서 그리스도 안에 계시사 세상을 자기와 화목하게 하시며 그들의 죄를 그들에게 돌리지 아니하시고 화목하게 하는 말씀을 우리에게 부탁하셨느니라
20 그러므로 우리가 그리스도를 대신하여 사신이 되어 하나님이 우리를 통하여 너희를 권면하시는 것 같이 그리스도를 대신하여 간청하노니 너희는 하나님과 화목하라
21 하나님이 죄를 알지도 못하신 이를 우리를 대신하여 죄로 삼으신 것은 우리로 하여금 그 안에서 하나님의 의가 되게 하려 하심이라

6 어린양의 혁명

The Old Testament Scriptures Testify of Jesus
구약 성경이 예수님에 대해 증언한다

예수님께서는 제자들이라면 이러한 것들을 잘 알고 있기를 전적으로 기대하셨다. 예수님은 자기가 배반당하시고, 십자가에 달려 죽으시고, 다시 부활하실 것에 대하여 각기 다른 상황에 걸쳐서 세 번이나 분명하게 말씀해주셨다. 게다가 예수님은 다른 사람들에게도 그가 높이 들리실 것을 공식적으로 말씀하셨다.

> 내가 땅에서 들리면 모든 사람을 내게로 이끌겠노라 하시니
> 요 12:32후

예수님이 말씀하신 것을 올바르게 들은 사람들은 이것이 예수님께서 십자가에 달려 죽으실 것을 의미한다는 것을 이해했다. 그러나 이 말씀은 그들에게는 걸려 넘어지게 하는 돌이었는데, 왜냐하면 메시아가 고난을 받고 죽게 되리라는 것을 깨닫지는 못했기 때문이었다. 사람들은 그리스도가 영원히 계시리라는 것 요 12:34 을 또한 알았기 때문에 '메시아가 영원히 사신다면, 어떻게 죽을 수 있겠는가'라고 생각하였다. 죽지만 동시에 영원히 사는 – 고난받는 종으로서의 메시아를 명백하게 그린 구약의 말씀에 대해, 이들은 불완전하고 그릇되게 이해하고 있었다.

예수님께서는 예수님에 대해 증거하고 있는 구약의 말씀들을 깨닫지 못했던 종교 지도자들을 책망하셨다.

> 너희가 성경에서 영생을 얻는 줄 생각하고 성경을 연구하거니와 이 성경이 곧 내게 대하여 증언하는 것이니라 그러나 너희가 영생을 얻기 위하여 내게 오기를 원하지 아니하는도다 요 5:39~40

잡히시던 그 밤에 예수님은 이사야 53장을 인용하셨다. 예수님은 이 성경 본문이 자신에 관해 말해주고 있음을 제자들에게 분명하게 설명하셨다.

> 내가 너희에게 말하노니 기록된 바 그는 불법자의 동류로 여김을 받았다 한 말이 내게 이루어져야 하리니 내게 관한 일이 이루어져 감이니라 눅 22:37

Slow of Heart to Believe
더디게 믿는 마음

예수님께서 제자들에게 미리 분명하게 말씀하셨음에도, 제자들은 귀가 어두워서 예수님의 말씀을 깨닫지 못했다. 그래서 예수님께서는 부활하신 이후에, 구약의 선지자들이 예수님의 고난과 죽음에 대하여 예언한 것을 제대로 이해하지 못한 제자들을 책망하셨다.

이르시되 미련하고 선지자들이 말한 모든 것을 마음에 더디 믿는 자들이여 그리스도가 이런 고난을 받고 자기의 영광에 들어가야 할 것이 아니냐 하시고 이에 모세와 모든 선지자의 글로 시작하여 모든 성경에 쓴 바 자기에 관한 것을 자세히 설명하시니라 눅 24:25~27

예수님과 함께하는 이 성경 공부 시간에 당신도 있었다고 상상해 보라! 제자들에게는 얼마나 큰 특권이었을까. 예수님께서 자신에 관한 성경 말씀을 다 가르쳐주시고 난 후에야, 제자들은 비로소 제자로서 자신들의 목적을 깨달았다.

그러므로 신약의 주된 기자들이 이사야 53장의 열두 구절 가운데 여덟 절이나 인용하여, 예수님이 바로 하나님의 어린양이라고 기록한 것은 매우 당연한 일이다. 예수님은 제자들에게 성경을 직접, 자세히 설명해주셨다. 전에 공개적으로 선언하셨던 것처럼 말이다. "이 성경이 곧 내게 대하여 증언하는 것이니라" 요 5:39후.

제자들은 삼 년여 동안 예수님을 신실하게 따랐다. 그러나 이 시점에 이르기 전까지는 예수님의 사명을 완전히 이해하지 못하고 있었다. 사실, 예수님의 사역 시작부터 예수님의 목적은 이미 알려진 바였다. 그는 세상 죄를 지고 가는 하나님의 어린양으로 오셨다. 제자들은 이 핵심을 이해하고 나서야 비로소 자신들의 사명 또한 이해할 수 있었다.

The Lamb's Revolution is Spiritual, not Political
어린양의 혁명은 영적이다, 정치적이 아니다

예수님의 제자들이 그렇게 더디게 믿었던 데에는 몇 가지 이유가 있다. 그 중 한 가지는 당시 대부분의 이스라엘 백성이 그랬듯, 메시아의 사명에 관해 중대한 오해를 하고 있었기 때문이었다. 이스라엘은 하나님의 어린양으로서 희생 제물이 되신 그리스도의 **고난**의 중요성을 제대로 알지 못했다. 침례 요한이 처음부터 예수님을 가리켜 **하나님의 어린양**이라고 불렀던 것을 기억해보자. "보라 하나님의 어린양이로다!" 그러나 예수님의 제자들은 자신들이 따르고 있는 지도자가 어떠한 분이신지 깨닫지 못했다.

이 때문에 예수님께서는 제자들에게 엄히 경계하여 자신이 메시아인 것을 아무에게도 말하지 말라고 하셨다. 왜 그리하셨겠는가? 예수님께서는 사람들이 어떠한 메시아를 원하는지 알고 계셨기 때문이다. 사람들은 정치적으로 혁명을 일으킬 지도자를 기대했고, 굳이 희생 제물인 하나님의 어린양을 필요로 하지는 않았다. 존 스토트 John R.W. Stott는 이렇게 말했다.

> 그분이 메시아라는 사실은 비밀에 부쳐져 있었는데, 그 이유는 사람들이 메시아의 성격을 오해하고 있었기 때문이었다. 대중이 기대하던 메시아는 혁명적인 정치 지도자였다. 오천 명을 먹이신 일이 있은 후에, 갈릴리에서 예수님의 인기가 절정에 이르렀고 군중이 '그를 억지로 붙들어 임금으로 삼으려' 요 6:15 했음을 요한은 우리에게 전해 준다.[7]

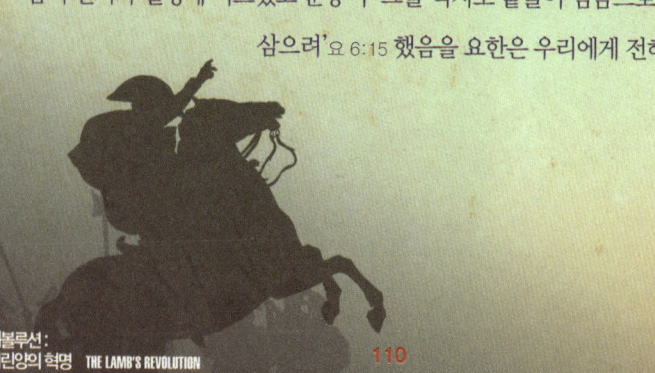

예수님의 시대에 대부분의 이스라엘 백성은 로마의 압제에서 자신들을 건져 줄 정치적 메시아를 고대했다. 그들은 이스라엘이 지구 상에서 가장 위대한 국가였던 다윗과 솔로몬 왕의 때처럼, 이스라엘의 영광의 날들이 다시 돌아오기만을 기다리고 있었다. 심지어 예수님께서 부활하신 후에도 제자들은 여전히 이것을 기대하고 있었다.

> 그들이 모였을 때에 예수께 여쭈어 이르되 주께서 이스라엘 나라를 회복하심이 이 때니이까 하니 이르시되 때와 시기는 아버지께서 자기의 권한에 두셨으니 너희가 알 바 아니요 오직 성령이 너희에게 임하시면 너희가 권능을 받고 예루살렘과 온 유대와 사마리아와 땅 끝까지 이르러 내 증인이 되리라 하시니라 행 1:6~8

제자들은 여전히 이스라엘의 정치적 회복을 간절히 바라고 있었다. 그러나 예수님은 이에 대해 지금 제자들이 상관할 바가 아니라고 말씀하셨다. 오히려, 그들이 깨달아야 할 것이 두 가지 있었다. 첫째는, 성령님이 주시는 능력을 그들이 받으리라는 것이었다. 둘째는, 그들이 그리스도의 증인이 될 것이라는 사실이었다.

제자들과 마찬가지로, 우리 역시 우리의 사명이 무엇인지 배우고 깨달아야만 한다. 우리는 하나님의 어린양이 이끄시는 혁명이 어떠한 것인지를 이해해야만 한다. 예수님의 혁명가로 부름 받은 우리의 사명은 정치적인 것이 아니다. 예수님의 첫 제자들같이 우리도 진짜 예수님의 증인이 되기 위해서는 예수님의 능력을 받아야만 한다.

Questions For Discussion
토론을 위한 질문

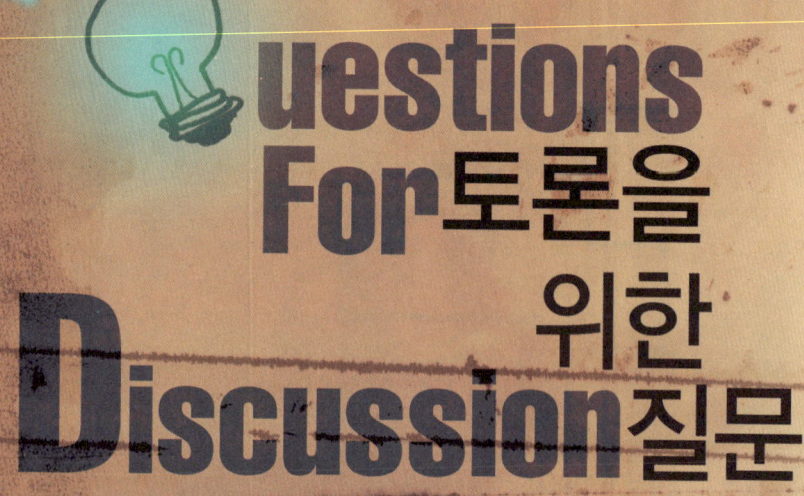

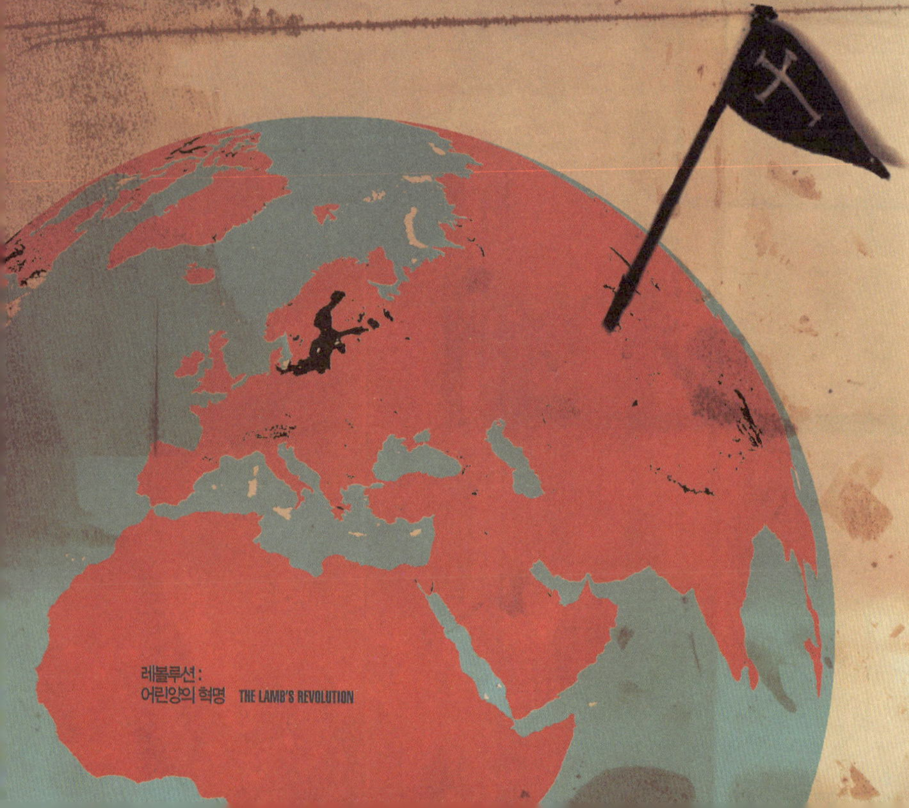

1. 예수님은 많은 이름으로 알려지셨다. 왜 예수님은 공생애 초기에 (침례 요한에 의해서) 많은 이름 중 가장 먼저 '하나님의 어린양'으로 알려지셨다고 생각하는가?

2. 예수님은 우리의 구세주로서 고난과 죽음을 통해 승리하시고 정복하셨다. 그의 죽으심이 어떤 점에서 영광스러운 승리가 되는가? 토론해보자.

3. 이스라엘 백성 대부분은 정치적인 메시아가 나타나서 자신들을 적으로부터 구원해주기를 기대했다. 그러나 예수님은 그들의 기대와는 다른 구원자였다. 예수님의 사명은 어떤 점에서 혁명적이라고 할 수 있겠는가? 예수님은 우리가 예수님을 따름으로써 어떻게 세상을 변화시키라고 우리에게 요구하시는가? 토론해보자.

7

What Sort of Revolution Does a Lamb Lead?

어린양이 이끄는 혁명은
어떤 것인가?

7

What Sort of Revolution Does a Lamb Lead?
어린양이 이끄는 혁명은 어떤 것인가?

7.
어린양이 이끄는 혁명은 어떤 것인가?

흔히 우리는 '혁명가'를 생각할 때 어느 한 가지 목적에 극단적이고 열정적으로 헌신하는 사람을 떠올리게 된다. 그러나 어린양이 이끄는 혁명은 그 모습이 이와 대조적이어서 놀랍거나, 뜻밖의 것일 수도 있다. 어린양이 이끄는 혁명은 과연 어떤 것일까?

하나님의 어린양이신 예수님은 자신의 삶을 아버지의 목적에 완전히 내어드렸다. 하나님의 뜻에 의식적으로 순종하며, 담대한 삶을 사셨다. 우리는 그리스도께 있었던 인간적인 연약함 가운데 하나님의 능력과 힘이 드러나는 것을 본다. 예수님의 나라는 하늘에 속한 나라이다. 즉, 예수님은 아버지께 완전히 순복하심으로써 천국을 이 땅에 가져오신다. 그분은 우리를 하나님과의 올바른 관계로 회복시켜 주신다.

예수님께서 제자들에게 가르치신 것을 기억하자. 천국이 나타나기를 기도할 때, 적극적이고 즉각적인 기대감을 가지고 기도하라고 가르쳐 주셨다. 예수님께서 우리에게 이렇게 기도하라고 가르쳐 주셨다. "나라가 임하시오며 뜻이 **하늘에서 이루어진 것 같이 땅에서도** 이루어지이다." 이것이 어린양의 혁명의 진수이다. 곧 천국이 이 땅 위에 실현되는 것을 보는 것이다. 이것이 예수님의 혁명가로서 우리의 사명이자 목적이다.

천국은 처음에는 씨앗의 형태로 임하는데, 겉으로 보기에 이것은 분명 약한 모습이다. 겸손하게 심기지만, 점차 장대한 나무로 자라난다. 하나님 나라는 겸손하게 시작하지만, 그 끝은 무한하다. 그의 나라는 영원히 지속되는 나라이다.

The Victorious Lamb
승리의 어린양

우리의 희생 제물 되신 어린양은 또한, 승리의 어린양이시다. 사도 바울은 "항상 우리를 그리스도 안에서 이기게 하시고 우리로 말미암아 각처에서 그리스도를 아는 냄새를 나타내시는 하나님께 감사하노라"라고 썼다. 우리의 삶은 하나님의 어린양께서 승리하셨음을 증거한다.

구약과 신약 시대 사이에 존재했던 마카비Maccabees 왕조 시대, BC 167년~160년에 유다 마카베오Judas Maccabeus는 셀레우코스 왕권Seleucid Empire에 대항하는 독립전쟁을 이끌었다. 그 시대의 이스라엘의 상징은 정복하는 어린양이었다. 뿔이 달린 정복자 양은 승리를 상징했고, 그들을 압제하던 셀레우코스 왕권에 저항하며 유대인들을 정치적 혁명가로 규합시키는 역할을 했다.

하지만 하나님의 어린양이신 예수님의 승리는 정치적인 것이 아니다. 예수님께서는 초림하셨을 때, 그분의 적들을 제압하지 않으셨다. 오히려 그들을 용서하셨다. 그러므로 우리가 예수님을 우리의 정복자 어린양으로 생각한다면, 예수님께서 우리의 삶 속에서 어떻게 승리를 이루시는지를 이해해야만 한다. 예수님은 우리를 죄와 죽음의 속박으로부터 자유롭게 하심으로써 진정한 승리로 이끄신다. 그분은 죄의 견고한 진으로부터 값을 치르고 우리를 속량하신다. 그분은 우리를 심판과 정죄와 죽음의 두려움에서 자유케 하신다. 예수님의 고난과 죽음이 우리에게 그분의 용서와 은혜를 보장해준다. 그러므로 우리는 예수님을 우리의 구속자요, 구원자로 기꺼이 따른다.

존 위클리프
John Wycliffe

얀 후스
Jan Hus

Bohemian Brethren

마틴 루터
Martin Luther

Moravian Church

진젠도르프 백작
Count Nicolaus Zinzendorf

24/7 Prayer

Modern Missions Movement

THE MORAVIANS WERE THE FIRST MISSIONARIES AMONG THE NATIVE AMERICANS.

레볼루션:
어린양의 혁명 THE LAMB'S REVOLUTION

A Bold Reformer Starts a Revolution
용감한 개혁자가 혁명을 시작한다

14세기 말경 종교개혁가 얀 후스Jan Hus 1369~1415로부터 혁명은 시작되었다. 그는 종교개혁가로서 존 위클리프John Wycliffe의 저서에 지대한 영향을 받았고, 오직 믿음으로 말미암는 은혜의 칭의에 대한 교리를 가르쳤다. 1415년 7월 6일, 얀 후스는 그의 믿음 때문에 화형에 처해짐으로 순교했다. 죽기 전에 그는 조용히 무릎을 꿇고 하나님께 자기의 적들을 용서해 주시기를 간구했다. 그는 적들이 그를 저주하고 죽이는 순간에도 예수님처럼 그들을 사랑했다.

얀 후스를 따랐던 많은 추종자들은 그 후 보헤미안 형제단을 조직하였고, 훗날 이것이 모라비안 교회가 되었다. 그래서 모라비안 교회가 최초의 개신교 교회였을 것이라는 주장이 나오기도 했다. 후에 종교개혁가 마틴 루터 역시 얀 후스의 삶과 그의 저서에 지대한 영향을 받았다.

1722년, 현재 동독의 작센Saxony 지방에 살았던 경건한 귀족 진젠도르프 백작Count Zinzedorf이 모라비안 교회가 자신의 영지에 정착하도록 허락했다. 거기서 모라비안들은 헤른후트Hernnhut, 즉 '주님의 특별한 보호'라는 공동체를 만들었다. 그들은 24시간 매일매일 끊이지 않는 기도회를 시작하여 100년 동안 이를 지속했다.

모라비안 사람들은 기도와 찬양, 단순한 삶, 그리고 타인에게 관대하게 베풀어주는 소박한 공동체 생활을 강조했다. 그들은 선교에 열정적이며, 사랑으로 충만한 공동체로 알려졌다. 그들은 교회로서 개신교 국외 선교 운동에 중요한 역할을 감당했고, 기도와 예배, 성경 연구, 공동체, 그리고 개인의 경건을 강조하는 수백 개의 작은 부흥 공동체들을 설립하였다.

Spiritual Revolutions Result in Real Change

영적인 혁명이 진정한 변화를 가져온다

모라비안은 비교적 작은 공동체였지만 그 영향력은 상당하였다. 이들의 본을 통해서 기독교인들은 정치적, 재정적 또는 사회적 자원 부족에 제한을 받지 않는다는 것을 깨닫는다. 기독교인으로서 우리는 세상을 바꾸도록 부르심을 받았다. 모라비안의 혁명가들은 이것을 믿었다. 그들은 그리스도를 따르라는 부르심에 순종할 때, 어떤 것도 그들을 제한할 수 없다고 생각했다.

모라비안 교회는 정복하는 하나님의 어린양, 즉 '아뉴스 데이Agnus Dei'를 공식적인 교회 상징 문장으로 선택하였다. 이 문장의 둘레에는 라틴어로 'Vicit agnus noster, eum sequamur (우리의 어린양이 정복하셨다. 그를 따르자)'라고 새겨져 있다. 모라비안들은 하나님의 어린양이신 그리스도께서 온전한 희생으로써 정복하셨음을 제대로 이해하고 있었다. 이 때문에 우리는 그가 어디로 이끄시든지 기꺼이 따르는 것이다.

어린양을 따르자 Let Us Follow the Lamb

사도 요한은 요한계시록에서 '하나님의 어린양'이라는 말을 스물아홉 번 사용했다. 여기서 하나님의 어린양께서 하늘을 정복한 승리자로 드러나신 것을 볼 수 있다. 우리의 희생양이 승리하신 어린양이 되셨다. 하나님의 어린양이 이기셨기 때문에 우리는 주저함 없이 그분을 따른다.

요한계시록에서는 다른 어떤 설명보다도 예수님께서 하늘에 계신 **하나님의 어린양**으로 드러난다. **죽임당한** 어린양으로 영원히 알려지고 경배를 받으시는 예수님은 이제와 영원토록 영광을 받으시고 다스리신다. 사도 요한은 이십사 장로들이 하나님의 어린양 앞에 엎드려 경배하는 모습을 이렇게 묘사한다.

> 그들이 새 노래를 불러 이르되
> 두루마리를 가지시고 그 인봉을 떼기에 합당하시도다
> 일찍이 죽임을 당하사 각 족속과 방언과 백성과 나라 가운데에서
> 사람들을 피로 사서 하나님께 드리시고
> 그들로 우리 하나님 앞에서 나라와 제사장들을 삼으셨으니
> 그들이 땅에서 왕 노릇 하리로다 하더라 계 5:9~10

사도 요한은 뒤이어 무슨 일이 일어나는지 묘사한다. 헤아릴 수 없이 많은 성도들과 천사들이 하나님의 어린양께 큰 음성으로 울려 퍼지는 찬양을 드리고 있다.

> 죽임을 당하신 어린 양은 능력과 부와 지혜와 힘과 존귀와 영광과 찬송을 받으시기에 합당하도다 하더라 계 5:12후

천국에서 예수님을 경배할 때도 예수님께서 죽임당하심으로써 고난을 받았다는 사실이 절대 잊혀지지 않는다는 것을 보라. 오히려 이것을 기리고, 축하하고, 찬양한다. 예수님은 십자가에 달리심을 '그분의 영광의 시간'으로 반복해서 말씀하셨다.

> 예수께서 대답하여 이르시되 인자가 영광을 얻을 때가 왔도다 요 12:23

예수님의 고난과 죽으심은 절대 실패가 아니라, 영광스럽고 힘있게 울려 퍼지는 승리이다. 우리의 죄를 기꺼이 대속하심으로, 우리의 어린양은 영원토록 승리하셨다. 예수님께서 상상할 수 없을 만큼 끔찍하게 고난을 받으셨다는 것을 잊지 말자. 그러나 예수님은 영화되고 부활하신 몸의 손과 옆구리에, 여전히 십자가의 흉터를 지니기로 선택하셨다. 예수님의 흉터는 예수님께서 우리를 죽기까지 사랑하셨음을 그분과 우리 모두에게 일깨우고 있다. 예수님은 제자들에게 말씀하셨다. "사람이 친구를 위하여 자기 목숨을 버리면 이보다 더 큰 사랑이 없나니" 요 15:13.

His scars are reminders, both to Him and to us, that He loved us unto death.

Jesus Is Followed In Heaven
천국에서도 예수님을 따르다

사도 요한의 천국 환상에서 또 다른 것을 볼 수 있다. 천국에서 하나님의 어린양은 경배를 받으실 뿐만이 아니다. 예수님은 그분을 따르는 자들과 함께 계신다. 사도 요한은 천국에서 본 십사만 사천 명의 이마에 하나님 아버지의 이름이 표시된 것에 대하여 묘사한다.

> 이 사람들은 ... 어린 양이 어디로 인도하든지 따라가는 자며 사람 가운데에서 속량함을 받아 처음 익은 열매로 하나님과 어린 양에게 속한 자들이니 계 14:4후

천국에서 본 십사만 사천 명의 이마에는 하나님 아버지의 이름이 **표시되어 있다.** 표시된다는 것은 확인된다는 의미이다. 이들은 하늘의 아버지께 속한 자들임을 확인받았다. 이들은 예수님을 경배하는 데서 멈추지 않는다. 이들은 예수님이 **어디로 가시든지** 그분을 따른다.

우리는 그분의 것으로 표시되는 것이 어떠한 특권인지 이해하고 있는가? 어디로 가시든 그분을 따를 수 있는 것이 특권임을 이해하고 있는가? 여러분이 원할 때마다 언제든지 대통령을 만날 수 있는 특권이 있다고 상상해 보라. 예수님을 따르는 자들로서 우리에게는 이와 같은 특권이 있다. **지금** 우리가 예수님을 기꺼이 따라간다면, 우리는 영원토록 기꺼이 그분을 따를 것이다.

**In heaven, the Lamb of God not only is worshiped.
He is followed.**

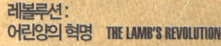

Jesus Sends Us Out as Lambs
예수님은 우리를 어린양들로서 보내신다

우리는 그분의 것으로 표시되는 것을 가장 큰 특권이자 영광으로 여기고 있는가? 예수님은 말씀하셨다.

누구든지 나와 내 말을 부끄러워하면 인자도 자기와 아버지와 거룩한 천사들의 영광으로 올 때에 그 사람을 부끄러워하리라 눅 9:26

예수님은 그의 제자들에게 "내가 너희를 보냄이 어린 양을 이리 가운데로 보냄과 같도다" 눅 10:3 라고 말씀하셨다. 또한 말씀하셨다. "너희가 내 이름으로 말미암아 모든 사람에게 미움을 받을 것이나" 눅 21:17. 그러나 "너희 머리털 하나도 상하지 아니하리라" 눅 21:18 라고 제자들에게 약속하셨다.

우리의 어린양이 이기셨다. 진짜로 예수님을 믿는다면 기쁨으로 그분을 따라가자. 진짜로 예수님을 부끄러워하지 않는다면, 그분의 것으로 표시되었기 때문에 받는 어떠한 고난이나 비난에도 기꺼이 인내하자.

If we gladly follow Him now, we will gladly follow Him forever.

Questions For Discussion 토론을 위한 질문

레볼루션: 어린양의 혁명 THE LAMB'S REVOLUTION

1. 요한계시록에서 예수님은 하나님의 어린양으로 스물아홉 번 명명되신다. 당신은 왜 요한계시록에서 예수님이 이렇게 여러 번 '어린양'으로 불리신다고 생각하는가?

2. 부활 이후에도 예수님은 몸의 흉터를 남겨놓기로 선택하셨다. 그 이유가 무엇일까? 이 사실은 하나님의 어린양이신 예수님의 본질에 대하여 우리에게 무엇을 말해준다고 생각하는가?

3. 예수님은 "어린양을 이리 가운데 보냄 같이" 우리를 보내신다. 그러나 약속하시기를 "너희 머리털 하나라도 상하지 아니하리라"라고 하셨다. 이것은 어떤 의미가 있는가? 예수님은 우리에게 예수님을 따르는 사람들로서 담대하게 살 것을 어떻게 격려하시는가? 이러한 격려가 예수 혁명가로서 이 세상에서 담대하게 살아가는 그리스도인의 삶에 어떤 영향을 준다고 보는가?

8

Invading the Culture
문화에 침투하다

기독교는
그 혁명적이고도 계시적인 요소에도 불구하고
기꺼이 단조로운 일상이 될 수 있다
- C.S.루이스 [8]

8.
문화에 침투하다

혁명은 엄청난 변화를 가져온다. 하지만 혁명가들은 비범한 목적에 의해 추진되는 평범한 사람들인 경우가 많다. 남편 혹은 아내, 아빠 혹은 엄마, 학생, 사무원, 목수, 변호사, 의사, 정치인, 과학자, 기술자, 목사, 선생님, 선교사, 혹은 평신도이기도 하다. 그들은 평범하지 않은 비전을 가진 평범한 사람들이다.

그리스도의 나라는 계속 확장하는 나라이다. 하지만 이 확장은 종종 눈에 띄게 거창한 방법으로 일어나지 않고, 매일 반복되는 규칙적인 일상 속에 있을 때가 많다. C.S. 루이스가 말했듯이 그리스도인 혁명가가 된다는 것은 기꺼이 단조로운 일상이 될 수 있다. 분명 돌파가 이루어지는 극적인 순간들이 존재한다. 그러나 예수님의 혁명에는 즐겁게 일관적으로 결단하면서, 꾸준하게 걸어가는 것이다. 은밀한 처소에 닻을 내린 내적인 확신이 우리의 것이기 때문이다.

그리스도께서는 우리를 변화시키기 위해 세상으로부터 불러내신다. 그리고 세상을 변화시키도록 우리를 다시 세상으로 보내신다. 그리스도인은 세상에 있어야 하지만, 세상에 속하지는 않는다. 그리스도를 따르는 자들로서 우리는 필연적으로 다르다.

그러면 우리를 구별되게 하는 특징은 무엇인가? 굳이 옷을 입거나 말하는 방식처럼 겉으로 드러나는 면에서 우리가 다르다는 것은 아니다. 우리가 세상을 전부 거부하는 것도 아니다. 그리스도인들은 사막 한가운데, 수도원에서나 얻을 수 있는 안전감을 느끼기 위해 세상 문화로부터 도망치라고 부르심을 받지 않았다. 예수님은 그렇게 살지 않으셨다. 오히려 예수님은 사회로 들어가서 참여하셨다. 예수님을 구별되게 하는 것은 아버지의 목적을 위해 완전히 성별되셨다는 점이다.

예수님께서 세상에 보내심을 받으셨던 것과 같이, 예수님은 우리 제자들을 보내신다. 예수님은 이렇게 기도하셨다.

> 내가 비옵는 것은 그들을 세상에서 데려가시기를 위함이 아니요 다만 악에 빠지지 않게 보전하시기를 위함이니이다 내가 세상에 속하지 아니함 같이 그들도 세상에 속하지 아니하였사옵나이다 그들을 진리로 거룩하게 하옵소서 아버지의 말씀은 진리니이다 아버지께서 나를 세상에 보내신 것 같이 나도 그들을 세상에 보내었고 또 그들을 위하여 내가 나를 거룩하게 하오니 이는 그들도 진리로 거룩함을 얻게 하려 함이니이다 요 17:15~19

예수님과 침례 요한의 사역 방식은 서로 극단적으로 달랐다. 그러나 두 사역 모두 하나님이 주신 임무를 감당하였다. 요한은 선구자로서 금식하는 삶의 방식을 몸소 실천하였다. 그는 문화와 사회로부터 동떨어진 광야에서 살았다. 침례 요한의 삶의 방식은 무감각한 종교적 문화가 영적으로 깨어나기를 소망하는 예언적 이정표였다. 그 세대로 하여금 오실 그리스도를 예비하게 하는 것이었다.

반면에 예수님은 전적으로 **문화 가운데** 사셨다. 예수님은 죄인들과 함께 먹고 마시셨다. 또 예수님은 이음새가 없는 값비싼 옷을 입으셨다. 그러나 선구자인 요한과 마찬가지로 예수님 역시 아버지의 목적을 위해 전적으로 성별된 삶을 사셨다.

침례 요한을 배척했던 사람들은 예수님도 배척했다. 서로 명백하게 다른 두 방식의 사역이 보여준 것은, 어떠한 사역의 형태라 하더라도 절대 만족하지 않는 사람들이 항상 있다는 것이다. 하나님은 모순되는 태도에 대해 예언적 감각을 가지셨다. 하나님은 사람의 마음을 테스트하신다. 예수님은 이렇게 말씀하셨다.

요한이 와서 먹지도 않고 마시지도 아니하매 그들이 말하기를 '그가 귀신이 들렸다'라고 하더니, 인자는 와서 먹고 마시매 그들이 말하기를 '보라, 먹기를 탐하고 포도주를 즐기는 사람이요 세리와 죄인의 친구로다!'라고 하지만, 지혜는 그 자녀들로 인하여 옳다 함을 얻느니라 마 11:18~19 (NKJV 직역. 역주)

예수님은 자신의 사역 방식에 대해 변호하실 필요가 없다. 오히려 우리에게 '내 사역의 열매가 내가 택한 방식을 입증할 것이다.'라고 말씀하신다. 예수님의 제자인 우리가 바로 예수님의 사역의 열매이다. 그리스도에 대한 우리의 열렬한 헌신이 그의 방법이 효과적이며, 풍성한 열매를 맺게 하는 것임을 입증한다. 예수님은 주변의 문화에 참여하셨지만 그것과 같아지기 위해서가 아니라 오히려 구원하기 위해서 참여하셨다.

THE CITY

"사명"

또 가라사대 너희는
온 천하에 다니며 만민에게
복음을 전파하라
-막 16:15-

MISSION

FOLLOW ME -MATT 9:9-

DO NOT ENTER

Nominalism

레볼루션:
어린양의 혁명 THE LAMB'S REVOLUTION

ON A HILL

"성별"

CONSECRATION

너희는 저희 중에서 나와서 따로 있고
부정한 것을 만지지 말라
-고후 6:17-

THE NARROW WAY

DO NOT CROSS

다들 잘 있으라고~!

Separatism

8 문화에 침투하다

In the World, But Not Of It
세상에 있으나 세상에 속하지 않는다

기독교인이 세상에 있으나, 세상에 속하지 않는 것은 정확히 어떤 것인가? 우리는 결코 명목상의 기독교인이 될 수는 없다. 하지만 반대로, 기독교인이 종교적인 분리주의자가 되어야 하는 것도 아니다. 우리를 세상 밖으로 불러내신 예수님께서는, 그분이 사랑하시는 세상으로 우리를 다시 보내기 원하신다. 그렇다면 우리는 '문화 안에 있으나 문화로부터 구별되라'는 예수님의 말씀이 무엇을 의미하는지 알아야 하겠다.

예수님께서 하늘 아버지께 우리를 세상에서 데려가시기 위함이 아니라, 악으로부터 보호해 주시기를 위해 기도하셨던 이유가 바로 여기에 있다. 예수님께서는 우리를 둘러싼 타락한 문화에 담대히 침투하며 참여하도록 우리를 부르신다. 이렇게 우리는 빛과 소금이 된다.

예수님은 이 원칙을 제자들에게 설명해 주셨다. 등잔에 불을 켜서 말 아래 숨겨두는 사람은 없다고 말씀하셨다. 대신 사람들은 불을 켜고 나면, 환히 비출 수 있는 곳에 그것을 두어 어둠에 있는 사람이 볼 수 있도록 한다. 기독교인이 자기 주변의 타락한 문화에 참여하지 않고 뒷걸음칠 때마다, 그것은 가지고 있는 빛을 말 아래에 숨기는 것이며 예수님의 명령에 직접적으로 불순종하는 것이다.

교회의 역사 속에서, 때로 몇몇 기독교 공동체들은 문화에서 완전히 빠져나와 문화와 전혀 상관없이 분리되고자 하는 유혹을 받았다. 그러나 실제로 이렇게 행한 이들은 결국 한 가지를 깨달았는데, 모든 하위 문화 속에는 그들 나름의 '세상'적인 방식이 존재한다는 것이었다. 우리가 세상으로부터 우리 자신을 분리하고자 한다면, 우리는 즉시 우리의 타락한 마음 안에 이미 존재하고 있는 세상을 발견할 것이다. 진정한 성별됨은 내면의 것이어야 한다.

Jonah Couldn't Escape His Call
요나는 부르심으로부터 도망칠 수 없었다

하나님께서는 요나에게 참으로 어렵고 위험한 임무를 주셨다. 요나는 니느웨로 가서 임박한 하나님의 심판에 대해 경고해야 했다. 하지만 요나는 니느웨 사람들을 싫어했다. 니느웨 백성은 하나님의 백성에게 대적이었기 때문에, 요나는 그들에게 경고를 주고 싶지 않았다. 그래서 요나는 그들에게 가는 대신, 그 반대 방향으로 멀리 떠났다.

하나님의 은사와 부르심에는 후회하심이 없다. 결국, 요나는 하늘로부터 온 그의 부르심에서 궁극적으로 도망칠 수가 없었다. 우리도 요나처럼 하나님께서 사랑하시는 사람들을 사랑하는 것을 배워야 한다. 그 문화가 그리스도와 그분의 나라에 대해 적대적이라고 해도, 우리는 그에 참여하기를 거부하는 대신 주저 없이 예수님을 따라 그분의 영광스러운 빛으로 어둠을 뚫고 들어가야 한다.

예수님이 우리의 완벽한 역할 모델이시다. 그리스도의 제자로서 우리는 예수님의 삶을 주의 깊게 연구해야 한다. 예수님이 어떻게 행동하셨고, 어떻게 대응하셨는지를 배우고, 그분의 방식을 우리가 속한 문화적 맥락에 적용해야 한다.

예수님은 혼자서 호젓한 수도원으로 숨어 들어가지 않으셨다. 분리주의자들의 공동체를 시작하지도 않으셨다. 예수님은 정기적으로 바리새인들의 저녁 초청에 응하셨다. 그뿐 아니라, 죄인들의 초대에도 응하셨다. 예수님은 문화에 완전히 참여하셨다. 예수님은 초대받은 곳이라면 어디든지 가셨지만, 그것은 문화를 수용하기 위해서가 아니라 지적하시기 위해서였다.

우리는 예수님이 보여주신 본보기에서 중요한 교훈을 배운다. 만일 우리가 문화에 기꺼이 참여하지 않는다면, 우리는 문화를 지적할 수 없다. 단순히 문화에서 분리되어 성경만 읽고, 기도하고, 예수님의 재림을 기다리기만 한다면 여러 가지 면에서 훨씬 쉬울 것이다. 그러나 예수님의 대사로서, 우리에게는 해야 할 일이 있다. 이 세상은 우리의 선교지이다. 그러므로 우리는 세상에 도전장을 던지고, 도전자로 참여해야 한다.

다가갈 수 있는 혁명 An Accessible Revolution

우리가 언급하고 있는 믿음은 얼마나 다가가기 쉬운 것인가? 기독교인이 문화에 참여하는 것은 전적으로 사람들이 예수님께 **가까이 올 수 있도록** 하기 위한 것이다. 즉, 우리의 믿음이 혁명적이라 할지라도, 평범한 사람들이 쉽게 다가올 수 있어야 한다는 뜻이다. 세상 사람들에게도 예수님이 실제적인 분이어야 한다.

그러므로 기독교인들은 해당 문화 안에서 함께 공감하고 이해할 수 있는 언어로 이야기하는 법을 배워야 한다. 우리는 주변 사람들이 직면하고 있는 문제에 대해 알고 있는가? 비기독교인들의 필요에 대해 얼마나 민감한가? 우리는 스스로를 우리를 둘러싼 문화에 투명하게 드러낼 수 있을 만큼 용감한가?

Social Integration vs Christian Witness
사회적 타협 vs 기독교 증인

예수님이 죄인들과 먹고 마신 것은 사회에 통합되기 위해서가 아니라 천국을 증거하기 위함이었다. 기독교인들은 이처럼 사회에 참여해야 한다. 하지만 물질주의적이고 일시적인 사회의 가치를 받아들여서는 안 된다. 그리스도의 메시지와 사명은 우리의 세계관을 뿌리부터 뒤바꿔 놓았다. 예수님은 천국의 대사로서 우리를 보내시고, 이 세상에서 그분을 올바로 대표하라고 하신다. 우리의 마음은 천국에 속했다.

문화에 참여하는 두 종류의 '그리스도인'이 있다. 첫째는 그 문화의 가치 체계 자체를 찬양하며 그대로 받아들이는 이들이고, 둘째는 참된 변화를 가져올 수 있는 가능성을 가지고 세상 문화를 지적하는 이들이다. 혁명가는 두 번째 종류의 사람이다. 문화 가운데 살지만, 성별된 공동체로 부르심을 받은 사람들이다. 문화 가운데 있는 우리 기독교인 공동체는 그리스도의 말씀을 증거하는 진짜 증인이 되어, 같은 문화에서 살아가는 참된 구도자들이 그리스도께 나아와 스스로 그리스도를 발견하도록 초대하는 것이다.

> 기독교인들은 사회에 참여해야 한다. 하지만 물질적이고 일시적인 사회의 가치를 받아들여서는 안된다.

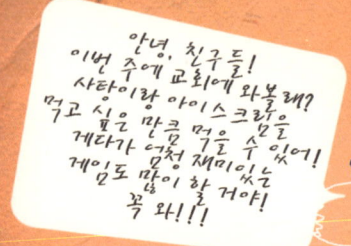

복음을 '치장하는 것'이 복음을 격하시킨다
"Dressing Up" The Gospel Downgrades It

    복음을 치장하는 것은 복음을 희석하는 것과는 다른 의미이다. 우리는 세상 사람들에게 더 매력적이거나 인상적으로 보이도록 복음을 '치장'해서는 안 된다. 우리가 복음을 치장할 때 우리는 복음을 격하시킨다. 복음은 그것이 무엇인지 알아볼 수 있는 사람에게는 그 자체로 눈부시게 아름답다.

    우리는 주변 문화에 진짜 그리스도인이 되는 것이 어떤 것인지 분명한 그림으로 보여 줄 필요가 있다. 예수님이 없이 우리는 아무것도 할 수 없다. 예수님께서도 그렇게 말씀하신다. 예수님의 은혜는 우리가 하고 싶은 대로 뭐든 할 수 있는 자격증이 아니다. 은혜는 진짜 변화를 가져다주는 능력이다.

    우리의 숨은 능력은 이것이다. 우리는 약하고 의지할 이가 필요한 죄인들이지만 그럼에도 은혜로우시고 사랑이 많으신 하나님께로부터 능력을 입었다. 하나님의 은혜가 우리에게 능력을 주신다. 하나님의 관대하신 은혜가 하나님을 더욱 사랑할 수 있도록 우리를 움직이고 압도한다.

    기독교인은 세상을 향하여 결함 하나 없고, 대단한 영적 존재라는 포장된 이미지를 보여 주어야 한다는 강박관념을 느끼는 이들이 있다. 그러나 사도 바울처럼 우리는 약할 때 강하다는 사실을 깨달아야 한다. 왜냐하면, 하나님의 능력이 약한 데서 온전케 되시기 때문이다. 우리가 하나님을 의존할 때, 하나님의 은혜가 우리 삶 가운데 일하실 수 있는 공간이 생긴다. 그리고 이렇게 삶을 변화시키는 복음의 은혜가 깨어진 사람들을 예수님께로 이끄는 것이다.

기독 혁명가들은 실수를 범할 수 있는 평범한 이들이지만, 초자연적인 부르심을 향하여 영적으로 깨어난 사람들이다. 하나님의 은혜는 우리 삶에 있는 일상적이고 실제적인 일들에 대하여 말씀하신다. 우리는 '모든 것을 다 가진', '흔들림 없는' 사람들이 기독교인이라는 거짓 이미지를 투영할 필요가 없다. 그리스도는 우리를 자연스럽게 초자연적으로 붙들고 계신다. 차이가 있다면 하나님께서 천국의 부르심으로 우리를 깨우실 때, 우리 삶의 목적이 바뀐다는 것이다.

이것을 이해하면 우리의 믿음이 종교적으로 비판하기만 좋아하는 것을 피할 수 있고, 반대로 주변 문화를 분별없이 수용하는 것도 피할 수 있다. 기독교인들은 구별된 동기를 가지고 담대하게 주변 문화에 침투하고 참여해야 한다. 왜냐하면, 우리의 마음은 그리스도의 사랑으로 완전히 붙들린 바 되었기 때문이다.

우리는 하나님께 구속된 사람들로서, 천국의 자원하는 군사이다. 우리는 문화를 수용하기 위해서가 아니라 그것을 변화시키기 위해서 다시 문화 가운데로 들어간다. 혁명적인 기독교인들은 문화가 주는 영적이고도 도덕적인 난관을 뚫고 나아가는 법을 배워야 한다. 그리스도께 열정을 다하여 헌신하는 것이 우리의 진정한 영적 나침반이기 때문이다. 우리는 선교지에 있다. 그러므로 우리는 물질을 사랑하는 것과 같이 중요하지 않은 것에 의해 쉽게 곁길로 빠지지 않기로 선택해야 한다.

1. 혁명은 중대하고도 진정한 변화를 수반한다. 그러나 혁명가들은 대부분 평범한 사람들이다. 그리스도를 따르는 사람으로서 우리는 우리가 사는 세상을 변화시키도록 부르심을 받았다. 우리 같은 평범한 사람들이 어떻게 중대한 변화를 일으킬 수 있겠는가? 기독교인이 '혁명가'가 된다는 것은 실제로 어떤 의미인가?

2. 예수님은 우리를 변화시키기 위하여 세상으로부터 불러내신다. 그리고 다시 세상을 변화시키라고 그 가운데로 우리를 보내신다. 어떻게 하면 우리가 그리스도의 혁명가들로서 이 세상의 가치와 목적에 의해 초점을 잃지 않고, 지속적으로 성별되어 사명에 집중할 수 있겠는가?

3. 예수님과 침례 요한의 사역 방법은 서로 극단적으로 차이가 있었다. 침례 요한은 문화와 동떨어져서 광야에서 살았다. 예수님은 이와 대조적으로 문화 안에서 사셨다. 침례 요한이 금식의 생활을 했던 반면, 예수님은 바리새인들과 죄인들 모두와 함께 먹고 마시셨다. 그러나 침례 요한이나 예수님 모두 천국의 사명과 목적에 완전히 성별되셨다. 이것은 진정한 성별에 대해서 우리에게 무엇을 말해주는가? 우리는 예수님의 제자로서 이 땅에서 어떻게 살아가야 하는가? 토의해보자.

4. 예수님은 문화를 수용하기 위해서가 아니라, 지적하기 위하여 문화에 참여하셨다. 그분의 제자로서 우리는 어느 정도까지 우리 주변 문화에 참여해야 하는가? 우리가 기독교인 혁명가로서 문화에 참여하는 사명과 목적은 무엇인가? 당신이 주변 문화에 침투함으로써 얻고자 하는 바가 있는가? 있다면 무엇인가? 토의해보자.

9
The Revolutionary's Reward
혁명가가 받는 상급

9

The Revolutionary's Reward
혁명가가 받는 상급

이 후에 여호와의 말씀이 환상 중에 아브람에게 임하여 이르시되
아브람아 두려워하지 말라 나는 네 방패요 너의 지극히 큰 상급이니라

창 15:1

9.
혁명가가 받는 상급

성경은 기록한다. "진실로 의인에게 갚음이 있다"시 58:11후. 심판의 날에 하나님의 어린양이 끝나지 않은 모든 계산을 완결하실 것이다. 모든 불의는 바로 잡힐 것이다. 성경에서는 이날이 어떤 이에게는 기쁨이요, 어떤 이에게는 슬피 우는 날이 될 것이라고 가르친다.

예수님은 제자들에게 자신을 따르는 자들은 장차 예수님과 함께 다스릴 것이라고 약속하셨다. 더 나아가 예수님을 따르기 위하여 모든 것을 버린 사람들은 현세와 내세에서 상급이 있을 것이라고 약속하셨다.

> 예수께서 이르시되 내가 진실로 너희에게 이르노니 세상이 새롭게 되어 인자가 자기 영광의 보좌에 앉을 때에 나를 따르는 너희도 열두 보좌에 앉아 이스라엘 열두 지파를 심판하리라 또 내 이름을 위하여 집이나 형제나 자매나 부모나 자식이나 전토를 버린 자마다 여러 배를 받고 또 영생을 상속하리라 마 19:28~29

'백 배'라는 것은 그 양이 백 배로 늘어나는 것을 말한다. 큰 그림에서 본다면, 예수님을 진짜 따르기 위해 여러분이 어떠한 값을 치른다 할지라도, 사실 그것은 희생이 아니다. 예수님은 여러분이 포기한 것의 백 배를 받게 될 것이라고 약속하신다.

마가복음에는 이러한 백 배의 축복이 현세에 약속되었다고 확실히 기록되어 있다. "**현세에서** 백 배나 받되…" 막 10:30전 (저자 강조). 누가의 복음서도 마찬가지로 여러 배의 축복이 우리에게 보장되어 있음을 강조한다. "현세에 여러 배를 받고 내세에 영생을 받지 못할 자가 없느니라" 눅 18:30.

우리는 무엇을 더 기다리고 있는가? 우리가 예수님을 믿는다면 왜 예수님의 말씀을 그대로 받아들이지 않는가? 기독교인의 삶은 가장 흥미진진한 삶의 방식이다. 오직 예수님의 말씀을 있는 그대로 받아들여서 믿음의 발걸음을 내디딜 때, 우리는 예수님께서 말씀하시는 것이 무엇인지를 경험하게 될 것이다.

A Reward is More than "Stuff"
상급은 '물질' 이상이다

우리는 상급을 '물질적인 어떤 것'으로 생각하려는 경향이 있다. 우리는 상급을 상품과 같은 것으로 생각한다. 물론 여기에 물질적인 축복이 포함되어 있기는 하지만, 영적인 상급은 단순한 물질적인 축복보다 훨씬 더 나아간다. 영적인 상급은 그 자체만으로 고유한 가치가 있다. 예수님을 따라가는 것은 그 자체가 무엇과도 비교할 수 없을 만큼 만족스럽고 보람된 일이다. 예수님을 따르는 것 자체가 값을 매길 수 없는 상급이다.

어떤 사람은 순간의 즐거움과 편안함을 포기하고 자기를 부인한 것이 하나님을 위한 '희생'이라고 생각하기도 한다. 그러나 이러한 희생이나 자기 부인 self-denial을 억지로 하거나, 해놓고 후회하거나, 계속 어려워하고 있다면 이러한 희생과 자기 부인은 영적인 가치를 잃어버린다. 이런 식의 '희생'으로는 상급을 받지 못한다.

이에 대해 사도 바울은 다음과 같이 기록하고 있다.

> 내가 내게 있는 모든 것으로 구제하고 또 내 몸을 불사르게 내줄지라도 사랑이 없으면 내게 아무 유익이 없느니라 고전 13:3

바울은 믿는 자들에게 사랑으로 아낌없이 나누어줄 것을 권면하고 있다. 우리의 동기는 마지못해 하는 강제적인 것이 아니라 마음으로부터 비롯되어야 한다.

> 각각 그 마음에 정한 대로 할 것이요 인색함으로나 억지로 하지 말지니 하나님은 즐겨 내는 자를 사랑하시느니라 고후 9:7

단지 재정을 드리는 것뿐만이 아니라 우리 자신을 포함한 모든 것을 하나님께 드리는데 있어서 이 말씀과 같이 되어야 한다. 우리의 삶 전부가 하나님의 사랑에 반응하여 드려지는 지속적인 제물이 되어야 한다. 사도 바울은 모든 믿는 자들에게 권면한다.

> 그러므로 **형제**들아 내가 하나님의 모든 자비하심으로 너희를 권하노니 너희 몸을 하나님이 기뻐하시는 거룩한 산 제물로 드리라 이는 너희가 드릴 **영적 예배니라** 롬 12:1

히브리서 기자는 이렇게 지속적으로 반응하여 드리는 제사에 대하여 **숭모와 섬김**(adoration and service)의 두 측면에서 서술하고 있다.

> 그러므로 우리는 예수로 말미암아 항상 찬송의 제사를 하나님께 드리자 이는 그 이름을 증언하는 입술의 열매니라 오직 선을 행함과 서로 나누어 주기를 잊지 말라 하나님은 이같은 제사를 기뻐하시느니라 히 13:15~16

여기서 우리는 숭모와 섬김(adoration and service)이 서로 다른 것이 아니라, 하나라는 것을 알 수 있다. 하나님을 기뻐하는 우리의 숭모(adoration)는, 예배를 드릴 때는 물론 다른 사람을 아낌없이 섬길 때에도 진정으로 표현되어야 한다. 예배를 통해 하나님과 개인적이고 친밀한 관계를 즐기면서도 다른 사람을 아낌없이 섬기는 것에 못마땅한 마음으로 거부하는 것은 말이 되지 않는다. 예수님은 둘째 계명(네 이웃을 사랑하라)이 첫째 계명(하나님을 사랑하라)과 같다고 말씀하셨다.

우리는 하나님과 개인적으로 함께하는 교제의 시간을 **즐거워하듯이**, 다른 사람을 아낌없이 섬기기를 즐거워하는가? 이 때문에 히브리서 기자가 '**둘 다 하라**'고 이야기하는 것이다. 감사가 넘치는 예배를 통해 하나님을 즐거워하라. 그런데 이러한 예배가 이웃을 섬기는 사랑의 행동으로 흘러넘쳐서 표현되도록 하는 것을 잊지 마라. 다른 사람을 향한 진정한 섬김은 감사로 넘치는 예배로부터 탄생되어야 한다. 우리가 이처럼 다른 이들을 섬길 때, 우리의 섬김은 그 자체가 본질적인 상급이 된다. 우리는 사랑을 위해 사랑한다.

Spiritual rewards have inherent, intrinsic value in themselves.

A Command and A Promise
명령과 약속

하나님은 아브람에게 모든 것을 포기하고 믿음으로 하나님을 따르라고 부르셨다. 하나님은 아브람에게 명령과 약속을 동시에 주셨다.

> 여호와께서 아브람에게 이르시되 너는 너의 고향과 친척과 아버지의 집을 떠나 내가 네게 보여 줄 땅으로 가라 내가 너로 큰 민족을 이루고 네게 복을 주어 네 이름을 창대하게 하리니 너는 복이 될지라 창 12:1~2

하나님은 아브람에게 친숙한 것과 아끼는 것들을 모두 버리라고 요구하셨다. 아브람은 아버지와 어머니 그리고 친척들을 떠났다. 그는 자기 고향과 나라를 떠났다. 그는 하나님의 인도하심을 따르기 위해 모든 것을 포기했다. 아브람에게는 지도도 청사진도 없었다. 단순히 약속과 명령만 있을 뿐이었다. 이것이 의미하는 바는 오직 하나이다. 아브람은 하나님을 **알았고**, 그러므로 약속의 근원을 신뢰하였다.

우리는 예수님을 얼마나 잘 알고 있는가? 만일 우리가 그 근원을 알고 신뢰한다면, 아브람이 한 것처럼 청사진이나 지도가 없어도 그분을 따르기 위해 기꺼이 모든 것을 포기할 수 있다. 예수님이 주시는 보증이 청사진이 된다. 그분의 임재가 우리의 지도이다.

하나님은 또한 아브람에게 약속을 주셨다. "내가 너로 큰 민족을 이루고 네게 복을 주어 네 이름을 창대하게 하리니 너는 복이 될지라" 창 12:2. 명령을 받은 아브람은 하나님께서 이 약속을 **어떻게** 이루실지 아직 알지 못했다. 하지만 그는 근원이신 하나님을 알고 신뢰했기 때문에, '하나님을 따르라.'라는 부르심을 위해 모든 것을 버려두고 믿음의 발걸음을 담대하게 내디딜 수 있었다.

아브람은 하나님의 인도하심을 따라 세겜이라 불리는 약속의 땅으로 갔다. 약속의 땅에 도착한 아브람이 가장 먼저 한 일은 제단을 쌓고 하나님을 예배한 것이었다. 여기서 우리는 중요한 영적 원칙을 발견할 수 있다. 약속의 땅에 도착하면 둘러보고 불평하지 마라. 오히려 하나님께 마음에서 우러나오는 감사와 넘치는 예배를 믿음으로 드리라.

아브람은 도시 속 평범한 가정에서 자라났다. 아브람은 이제 하나님의 더 높은 부르심에 순종하기 위해 그에게 편안했던 문명과 생활 방식을 버렸다. 그는 이 땅에서의 남은 일생을 장막에서 살기로 했다.

Recognizing the Upgrade
업그레이드를 깨닫기

아브람이 약속의 땅에 도착했을 때, 주위를 둘러보고 의아해하며 이렇게 말했을 수도 있다. "이게 다야?" 그곳은 모든 것이 이미 아름답게 발전되고, 자리 잡혀있던 집과는 전혀 달라 보였을 것이다. 그곳에는 아무것도 준비된 것이 없었다. 대부분이 아직 개발되지 않은 잠재적인 가능성만 있는 곳이었다.

아브람은 남은 일생 대부분 동안 계속 유랑하면서 유목민의 삶을 살았다. 그는 많은 우물을 파보았을 것이다. 그는 무언가를 위해서 일을 해야만 했을 것이고, 또 무언가를 위해서는 싸워야만 했을 것이다. 아브람은 많은 사람들에게 자비를 베풀어야만 했을 것이다. 그렇지만 아브람은 자신에게 약속된 땅에 있었다. 그는 축복이 명령된 자리에 있었다.

일단 여러분이 믿음의 발걸음을 내딛고 하나님의 부르심에 순종하기 시작하면, 여러분의 믿음이 시험대 위에 오를 것이라고 확신해도 좋다. 여러분은 의문을 제기하고 싶은 유혹을 느낄 것이다. '내가 이제까지 뭘 한 거지? 무슨 생각을 한 거야?'라고 생각할 수도 있다. 하나님께서 약속하신 축복의 증거를 처음에는 볼 수 없기 때문이다. 하나님이 여러분에게 주시는 약속의 땅은 처음에는 황무지처럼 보일 것이다. 여러분은 하나님을 신뢰하며 믿음으로 걸어가야 할 것이다. 그러나 만일 여러분이 그 원천을 안다면 그것으로 충분하다. 일을 이루시는 분이 **'누구이신지'**를 안다면, **'어떻게'** 이룰 수 있는지를 알아야 할 필요가 없다.

갈대아 우르
Living The Dream Life

Revolutionaries are Pioneers
혁명가는 개척자이다

이것은 진정한 혁명가들의 또 다른 특징이다. 그들은 개척자들이다. 개척자들은 약속의 땅을 위해 출발한다. 이미 존재하는 옆 마을로 이주하는 것이 아니다. 개척자들은 **개척한다**. 개척자들은 자기 자신보다 더 큰 비전 때문에 움직인다. 아브람도 이러한 개척자였다. 히브리서 기자는 이렇게 기록한다.

믿음으로 아브라함은 부르심을 받았을 때에 순종하여 장래의 유업으로 받을 땅에 나아갈새 갈 바를 알지 못하고 나아갔으며 믿음으로 그가 이방의 땅에 있는 것 같이 약속의 땅에 거류하여 동일한 약속을 유업으로 함께 받은 이삭 및 야곱과 더불어 장막에 거하였으니 이는 그가 하나님이 계획하시고 지으실 터가 있는 성을 바랐음이라 히 11:8~10

아브람은 갈 바를 알지 못하고 나아갔다. 만일 우리가 하나님의 임재와 그분의 약속을 알고 있다면, 하나님께서 말씀하신 것을 친히 이루시리라고 확신할 수 있다. 바울은 이것을 반복해서 상기시킨다. 기록하기를,

> 너희 안에서 착한 일을 시작하신 이가 그리스도 예수의 날까지 이루실 줄을 우리는 확신하노라 빌 1:6

> 너희를 불러 그의 아들 예수 그리스도 우리 주와 더불어 교제하게 하시는 하나님은 미쁘시도다 고전 1:9

> 너희를 부르시는 이는 미쁘시니 그가 또한 이루시리라 살전 5:24

> 주는 미쁘사 너희를 굳건하게 하시고 악한 자에게서 지키시리라 살후 3:3

또, 히브리서 기자는 이렇게 기록했다.

> 또 약속하신 이는 미쁘시니 우리가 믿는 도리의 소망을 움직이지 말며 굳게 잡고 히 10:23

(그 땅에 거하는 거인들)
다윗에게 주어진 약속의 땅을 차지하라

Revolutionaries are Sojourners
혁명가는 순례자이다

아브람은 믿음으로 약속의 땅에서 마치 **객지에 있는 것처럼 '체류'** 하였다. 체류라는 말은 '외국인이나 이방인으로서 어떤 장소를 차지하다 또는 그곳에 거주하다'라는 뜻이다. 약속의 땅은 아브람의 영적 유업이었다. 그러나 그곳에 도착했을 때, 이미 그 땅을 다른 사람들이 차지하고 있다는 것을 발견했다. 아브람에게 그곳은 외지처럼 낯설게 느껴졌다. 약속된 유업이 완전히 실현되기 전에, 아브람은 먼저 자기에게 약속된 땅을 **차지해야만** 했다.

우리도 우리에게 약속하신 땅을 차지하는 법을 배워야만 한다. 저항이 있을 것임을 분명히 알 필요가 있다. 영적 유업에 대한 여러분의 권리는 도전을 받을 것이다. 이것이 바로 약속이 실현되기 이전에 여러분이 먼저 그곳을 **차지하는 것**을 배워야만 하는 이유이다. 예수님께서 말씀하셨다. "내가 올 때까지 땅을 차지하라"(눅 19:13 참고).

개척자들은 우선 비전을 보고, 그 다음 비전이 실현되는 것을 본다. 여러분이 그리스도의 부르심을 따라가고자 한다면, 우선 그분이 비전을 **보아야** 한다. 여러분은 믿음의 눈으로 하나님의 약속들을 바라봐야 한다. 그러면 우리를 부르신 이가 신실하시며, 때가 되면 우리의 인생에 주신 모든 약속을 온전히 이루는 분이심을 알고, 하나님의 부르심 가운데 나아갈 수 있을 것이다.

If God is our exceedingly great reward,

we have the guarantee of everything else as well.

레볼루션: 어린양의 혁명   THE LAMB'S REVOLUTION

Our Exceedingly Great Reward
우리의 지극히 큰 상급

아브람은 그에게 약속된 땅에서 살았다. 아브람은 땅을 차지하고 있었다. 그러나 여전히 그에게는 육신의 상속자가 없었다. 아브람에게 자손이 없다면, 하나님께서 어떻게 약속을 완성하시겠는가? 아브람이 가진 것은 약속뿐이었고, 이것이 어떻게 성취될지에 대한 증거는 전혀 없었다.

하나님은 환상 가운데 다시 아브람에게 말씀하셨다.

> 이 후에 여호와의 말씀이 환상 중에 아브람에게 임하여 이르시되 아브람아 두려워하지 말라 나는 네 방패요 너의 지극히 큰 상급이니라 창 15:1

하나님은 아브람의 걱정하는 마음을 아시고, 그에게 '두려워 말라'고 확신시켜 주셨다. 하나님의 보장의 핵심은 무엇인가? "**내가** 너의 방패이다. **내가** 너의 지극히 큰 상급이다." 이것은 아마도 아브람이 듣기를 원했거나 기대했던 바는 아니었을지 모른다. 아마도 그는 영적 유업을 이어받을 아들에 대한 확증 같은 것을 원했을 것이다.

대신 하나님은 더 나은 것을 약속하셨다. "**내가** 너의 보호자이다. **내가** 너의 지극히 큰 상급이다." 하나님이 우리의 지극히 큰 상급이시라면 다른 모든 것도 보장을 받은 것임을 우리는 깨달아야 한다. 궁극적인 상급이 되시는 하나님 없이는, 다른 모든 것들도 그 의미를 잃어버리게 된다.

믿음이 하나님을 기쁘시게 함 Faith Pleases God

　아브람은 상속자에 대하여 여쭤보았다. 다시 한번 하나님은 아브람에게 상속자 한 명만이 아니라, 하늘의 별과 같이 무수한 후손을 주리라는 확신을 주셨다! 아브람은 하나님을 믿었고, 하나님은 아브람의 믿음을 의로 여기셨다. 아브람에게 하나님의 보장을 입증해줄 만한 자연적인 증거는 없었지만, 그는 하나님을 알았고 신뢰하였다. 아브람은 방법은 알지 못했지만, 그 근원을 믿었다. 우리가 아무것도 할 수 없는 가운데 하나님을 단순히 신뢰할 때, 이것이 하나님을 기쁘시게 한다.

　그러나 믿음은 단지 약속된 축복을 믿는 것 이상을 의미한다. 하나님을 기쁘시게 하는 믿음은 하나님이 우리의 지극히 큰 상급이심을 믿는 것이다. 하나님 자신이 하나님께서 우리에게 약속하신 축복보다 더 큰 상급이시다. 예수님은 다음의 말씀에서 이 원리를 가르쳐주신다. "그런즉 너희는 먼저 그의 나라와 그의 의를 구하라 그리하면 이 모든 것을 너희에게 더하시리라" 마 6:33.

Hidden from the Wise and Revealed to Babes
지혜로운 자에게는 숨기시고 어린아이들에게는 나타내심

우리는 하나님께서 우리의 지극히 큰 상급이심을 올바로 이해하고 있는가? 시편 25편에서 다윗은 "여호와의 친밀하심이 그를 경외하는 자들에게 있음이여 그의 언약을 그들에게 보이시리로다"시 25:14라고 노래한다. 오직 올바르게 하나님을 경외하는 사람만이 최고의 상급으로서 하나님을 아는 지대한 기쁨을 경험으로 배울 수 있다.

하나님과의 친밀함 자체가 상급이다. 이 진리가 지혜로운 자들에게는 숨겨졌고, 어린아이들에게 나타났다. 예수님은 이렇게 기도하셨다.

> 천지의 주재이신 아버지여 이것을 지혜롭고 슬기 있는 자들에게는 숨기시고 어린 아이들에게는 나타내심을 감사하나이다 마 11:25

우리는 하나님과 친밀해지는 데 있어 조건을 달고 있지는 않은가? 우리는 약속의 땅을 차지하기에 앞서, 먼저 어떤 외적인 축복이 드러나는가에 의존하지는 않는가? 하나님과의 친밀함을 누리는 은밀한 처소는 믿음으로만 들어갈 수 있다. 이 은밀한 처소로 들어가는 문은 하나님께서 약속하신 축복뿐만 아니라, 하나님 그분이 바로 우리의 지극히 큰 상급이심을 발견하는 것이다.

Intimacy with God is its own reward.

Questions For Discussion 토론을 위한 질문

1. 예수님은 그분을 따르기 위해 모든 것을 저버린 사람들에게 백 배의 축복을 약속하신다. 우리가 예수님을 위해 모든 것을 버리는 것은 왜 중요한가?

2. 예수님을 따르기 위해 모든 것을 저버릴 때에는, 그 동기가 순수해야 한다. 바울은 '누구든지 희생적으로 나눠주는 사람이라도 그 속에 사랑이 없다면, 그는 아무 상급도 받지 못한다'고 기록했다. 왜 그러한가? 왜 어떠한 개인적인 희생에도 무조건 본질적 가치를 부여하면 안 되는 것일까?

3. 아브라함이 약속의 땅에 도착했을 때, 그곳은 아직 개발되지 않은 가능성의 땅에 불과했다. 하나님께서 약속하신 도약을 깨닫기 위해서는 왜 믿음이 필요한가?

4. 하나님과의 의미 있는 관계 없이 주어진 외적인 축복은 공허하고 의미가 없다. 왜 그런가? 하나님과 진정으로 친밀한 관계를 경험하는 것은 무엇을 의미하는가? 이러한 관계가 우리에게 그토록 만족을 주고, 우리의 상급이 되는 이유는 무엇일까?

10

10 Live Your Message
메시지대로 살라

메시지 mes·sage (명사);
말, 글 혹은 신호로 이루어지는 의사소통

10
메시지대로 살라

기독교는 메시지이다. 기독교는 정보를 주는 내용을 가졌다. 따라서 기독교는 단지 철학이나, 사는 방법을 제시하는 것 이상이다. 기독교는 필수 외부정보를 제공하는 실체 이야기로, 이것 없이는 누구도 하나님을 진정 제대로 알 수 없다.

기독교는 명제 진리이다. 기독교는 하나님과 인간의 본질에 대하여 확정적 사실을 제시한다. 이 제안들은 반드시 이해되고 믿어져야 한다. 하지만 그리스도를 믿는 믿음은 지적인 동의를 넘어선다. 기독교는 이해되고 동시에 경험해야 하는 것이다.

The Incarnate Message
육신이 되신 메시지

사도 요한은 요한복음에 이렇게 기록했다.

> 태초에 말씀이 계시니라 이 말씀이 하나님과 함께 계셨으니 이 말씀은 곧 하나님이시니라 그가 태초에 하나님과 함께 계셨고 만물이 그로 말미암아 지은 바 되었으니 지은 것이 하나도 그가 없이는 된 것이 없느니라 그 안에 생명이 있었으니 이 생명은 사람들의 빛이라 빛이 어둠에 비치되 어둠이 깨닫지 못하더라 요 1:1~5

사도 요한은 계속해서 기록한다.

> 말씀이 육신이 되어 우리 가운데 거하시매 우리가 그의 영광을 보니 아버지의 독생자의 영광이요 은혜와 진리가 충만하더라 요 1:14

예수, 영원하신 말씀이 육신이 되셨다. 말씀이 사람이 되셨다. 헬라어로 '말씀'에 해당하는 단어는 로고스λόγος인데 말, 글, 혹은 다른 수단을 통해 이성적인 방식으로 소통되는 말이나 메시지를 의미한다. 로고스는 이성적인 대화 방식이다. 예수님은 하나님과 인류의 의사소통이시다. **예수님은 하나님의 메시지이시다.**

예수님은 인류의 빛이다. 메시지가 소통하는 내용을 가지고 있듯이, 빛은 이전에는 알지 못했던 것을 드러낸다. 그러나 어둠은 빛을 깨닫지 못한다. 스스로 어둠을 택한 자들은 의지적으로 하늘의 메시지를 무시한다. 예수님께서는 그 이유가 이들이 빛보다 어둠을 더 사랑하기 때문이라고 말씀하셨다.

Jesus Has Much to Say . . .
예수님은 하실 말씀이 많다

육신이 되신 하나님의 말씀으로서 예수님은 우리에게 이르실 것이 많다.

> 내가 너희에게 대하여 말하고 판단할 것이 많으나 나를 보내신 이가 참되시매 내가 그에게 들은 그것을 세상에 말하노라 하시되 요 8:26

예수님은 우리에게 이르실 것이 많지만, 그 말씀을 제대로 들으려면 들을 준비가 제대로 되어 있어야 한다. 예수님께서 제자들에게 말씀하셨다.

> 내가 아직도 너희에게 이를 것이 많으나 지금은 너희가 감당하지 못하리라 요 16:12

그리스도에 관하여 더 깊은 것들을 설명하고자 했던 히브리서 기자의 간절함이 그의 독자들에게 이렇게 말하고 있다.

> 멜기세덱에 관하여는 우리가 할 말이 많으나 너희가 듣는 것이 둔하므로 설명하기 어려우니라 히 5:11

우리는 예수님의 말씀을 들을 준비가 되어 있는가? 아니면 대다수의 사람들이 그렇듯이, 예수님의 말씀을 받을 수 없는 상태인가? 우리도 그들과 같이, 듣는 것에 둔하지는 않은가? 예수님께서는 진실하게 말씀하신다. 그러나 오직 들을 준비가 된 사람만이 예수님의 말씀을 알아들을 것이다.

He Who Has Ears To Hear
들을 귀가 있는 사람

예수님께서는 무리에게 비유로 말씀하셨다. 제자들은 물었다. "왜 군중에게는 비유로 말씀하십니까?" 자신들에게는 직설적으로 설명해 주시면서 군중에게는 왜 가려진 비밀로 말씀하시는지, 제자들은 이해가 가지 않았다. 예수님께서 그 이유를 설명해 주셨다.

> 그러므로 내가 그들에게 비유로 말하는 것은 그들이 보아도 보지 못하며 들어도 듣지 못하며 깨닫지 못함이니라 이사야의 예언이 그들에게 이루어졌으니 일렀으되 너희가 듣기는 들어도 깨닫지 못할 것이요 보기는 보아도 알지 못하리라 이 백성들의 마음이 완악하여져서 그 귀는 듣기에 둔하고 눈은 감았으니 이는 눈으로 보고 귀로 듣고 마음으로 깨달아 돌이켜 내게 고침을 받을까 두려워함이라 하였느니라 마 13:13~15

예수님께서 **제자들에게는** 당신의 메시지를 직설적으로 말씀해 주셨다. 제자는 무리 가운데 선 구경꾼이 듣는 것과는 다르게 듣는다. 제자는 따르기로 결정하고 헌신한 사람이다. 제자는 듣고자 하고 배우고자 하는데, 이미 그들은 배우고 따르는 것에 대해 열려있기 때문이다. 예수님께서 제자들에게 직설적으로 말씀하셨던 이유는, 제자들은 주님께 이끌림을 받았고, 그래서 주님으로부터 배우길 원했기 때문이다.

10 메시지대로 살라

The Skeptic Sees Himself as King
회의론자는 스스로를 왕 삼는다

회의론자는 스스로 헌신하기 전에 그 사실의 진위 여부에 대해 완벽한 증거를 바란다. 대부분의 회의론자는 어떤 사실에 대해 조금이라도 의구심이 일어나면, 먼저 절대적으로 확실한 증거부터 요구할 것이다. 그들은 진리가 스스로 진리됨을 증명해야 하며, 이것이 진리의 몫이라고 믿는다. 그것이 자신들의 주관적인 기준을 만족시킬 정도로 조금도 의심할 여지가 없음을 증명하지 않는 한, 그 진리에 대해 끝까지 알아볼 필요조차도 느끼지 않는다.

회의론자들은 이렇게 스스로를 기준으로 삼는다. 자신을 왕으로 여긴다. 이러한 사람은 자신의 이성을 진리의 중재자로 세운다. 그러나 예수님은 이런 사람의 변덕에 꼭 맞추어주지 않으신다. 예수님의 메시지는 고귀하며 값진 것이다. 예수님은 진주를 돼지에게 던지지 않으실 것이며, 거룩한 것을 개에게 주지 않으실 것이다.

그런데 왜 많은 그리스도인들은 굳어진 회의론자의 마음을 돌리고 확신을 주고자 그리스도의 복음을 희석하여 싸구려로 만드는가? 예수님께서는 인간의 이성에 매력적으로 보이고자 자신의 복음을 치장하지 않으셨다. 예수님께선 누구에게도 자신을 따르라고 애걸하지 않으셨다. 예수님은 호기심에 찬 군중을 기쁘게 하고자 자신을 증명하거나 설명하지 않으셨으며, 오히려 가려진 비밀로 말씀하셨다.

  인간의 이성이 기준이 아니다. 하나님이 기준이시다. 누구든 그리스도의 말씀을 제대로 들으려면, 교만한 이성이 먼저 하나님의 온전하고 무한한 지혜의 통치 앞에 무릎을 꿇어야 한다. 우리는 마음을 준비하여 배우고자 하는 자세로, 우리의 방식이 아닌 그리스도의 방식을 따라 그분께 나아가야 한다. 예수님은 이렇게 우리 각각을 가르치실 것이다. 예수님은 우리에게 하실 말씀이 많으시다. 하지만 예수님께서 직설적으로 말씀해 주시기 전에, 우리는 먼저 예수님의 말씀을 기꺼이 들으려고 하는가?

10 메시지대로 살라

A Willingness to Do His Will
그분의 뜻을 행하고자 하는 의지

예수님께서 회의론자들에게 말씀하셨다.

> 사람이 하나님의 뜻을 행하려 하면 이 교훈이 하나님께로부터 왔는지 내가 스스로 말함인지 알리라 요 7:17

예수님의 말씀을 이해하기 위해 꼭 신학자나 성경학자가 될 필요는 없다. 이사야가 '어린 아이가 그들을 이끌리라'라고 기록했던 것과 같다. 예수님은 이렇게 말씀하셨다. "내가 진실로 너희에게 이르노니 누구든지 하나님의 나라를 어린 아이와 같이 받들지 않는 자는 결단코 그곳에 들어가지 못하리라" 막 10:15

예수님께서 무엇을 말씀하고 계시는가? 우선적으로 우리가 이성을 겸손케 하여 아이와 같이 가르침을 받을 수 있는 의지를 가져야만 한다는 말씀이다. 이렇게 할 때에야 우리는 예수님의 가르침이 천국에서 온 것임을 알 수 있다. 이렇게 할 때에만 예수님의 메시지를 전적인 권위로 받아들일 수 있다.

대개의 회의론자들은 이런 제안에 '반칙!'이라고 소리 지를 것이다. 회의론자들은, 의지적으로 들을 준비가 된 사람들은 결국 자기가 믿고자 하는 결론으로 부당하게 치우친 견해를 갖게 된다고 믿는다. 회의론자들은 이와 같은 논리를 편다. 사람이 무언가를 완전히 이해하기도 전에 기꺼이 따르고자 하는 마음을 가지면, 무엇이 진실인지를 객관적으로 볼 수 없게 된다고 주장한다. 그의 의지가 그를 주관적 편견에 빠지게 한다는 것이다. 그러나 다시 말하건대, 이는 인간의 제한된 이성을 진리의 유일한 중재자로 만드는 실수를 저지르는 것이다.

Leaning on Christ
그리스도께 의지하기

인간의 이해는 절대적이지도 전지적이지도 않다. 인간은 많은 것을 이해할 수 있다. 그러나 인간의 이해는 한계가 있으며 그조차도 제한되었고 타락하였다. 이것이 성경이 다음과 같이 가르치는 이유이다. "너는 마음을 다하여 여호와를 신뢰하고 네 명철을 **의지하지 말라**" 잠 3:5.

하나님이 주신 다른 모든 선물과 마찬가지로 인간의 이성은 선하며, 우리에게 필요하다. 그러나 절대적이지는 않다. 우리는 인간의 이성을 무시해서도, 부인해서도 안 되겠지만, 의지해서도 안 된다. 오히려 우리는 우리의 지성을 다른 모든 것들과 함께 그리스도의 주권 앞에 순복시켜야 한다. 우리가 이렇게 할 때 우리는 그리스도를 듣고 이해하는 바른 자리에 있게 된다.

Believing to Understand
이해하기 위해 믿기

어거스틴은 이것을 바르게 이해하였다. "그러므로 믿기 위해서 먼저 이해하기를 구하지 말라. 믿으면 이해할 수 있게 된다."9 사람이 하나님의 뜻을 처음부터 이해하지 못할 수도 있다. 그러나 하나님의 뜻을 행하고자 하는 의지적인 자세가 있다면, 이러한 사람은 시간이 되면 그 뜻을 이해하게 될 것이다. 그러므로 믿음은 먼저 의지와 함께 시작된다.

　이것은 제자들의 믿음이 맹목적인 믿음이 되어야 한다는 의미가 아니다. 진정한 믿음은 교리에 대하여 무지하고 맹목적으로 집착하는 것과는 관계가 없다. 예수님께서는 우리에게 충분히 믿을만한 이유들을 주시고, 그분을 따르는 믿음의 여정을 시작하게 하셨다.10 그러나 먼저 우리가 마음을 열고 믿기 시작할 때, 우리를 향하신 천국의 메시지가 우리에게 펼쳐지기 시작할 것이다.

The Struggle to Conform Lifestyle to Doctrine
교리를 삶으로 실천하기 위한 고군분투

많은 사람들이 그리스도를 믿는다고 고백하지만, 자기가 고백한 믿음대로 삶을 실현하는 데에는 어려움을 겪고 있다. 이들은 '성화'를 자기가 고백한 믿음과 실제 생활 사이의 엄청난 차이를 어떻게든 메워보려는 매일의 몸부림으로 본다. 하지만 실상 그러한 괴로움은 믿음에 대한 잘못된 생각에 뿌리를 내리고 있다. 이런 사람은 믿음을 기독교 핵심 교리에 대해 지적인 동의 정도만 하면 된다고 보는 잘못된 관점을 가지고 있다. 하지만 야고보는 이렇게 기록한다. "귀신들도 믿고 떠느니라" 약 2:19. 사단과 타락한 천사들도 예수님에 대한 올바른 사실을 믿는다. 그들도 예수님이 하나님의 아들이심을 안다. 그러나 그들은 정죄를 받았다.

사람들이 믿음과 삶 사이에서 큰 차이를 경험하는 이유는, 명목상의 믿음은 절대로 구원받는 믿음이 아니기 때문이다. 예수님께서 말씀하신 것을 기억하자. "네 보물 있는 그 곳에는 네 마음도 있느니라" 마 6:21. 이 말씀은 사람들이 기본적으로 자기가 가지고 있는 근본적인 믿음에 따라 살아간다는 뜻이다. 왜냐하면 우리가 진정, 실제로 믿는 바가 우리의 중심 가치에 투영되기 때문이다. 예수님께서 말씀하셨다 "나무는 각각 그 열매로 아나니" 눅 6:44전. 한 사람의 삶의 방식을 보면, 그가 진짜로 가치있게 여기는 것과 믿는 바를 쉽게 알 수 있다.

Our Values Reflect our Actual Beliefs
우리의 가치들은 우리가 실제로 무얼 믿는지 보여준다

당신은 시간을 어떻게 사용하는가? 당신이 가장 가까운 사람들과 나누는 공통요소는 무엇인가? 당신은 재정을 어떻게 분배하는가? 무엇이 당신에게 가장 큰 동기를 주며, 무엇이 당신을 가장 열광시키는가? 당신이 기꺼이 자원해서 최고로 노력하며 집중하는 것은 무엇인가? 이러한 것들이 우리가 진정 무엇을 믿고, 가치 있게 여기는지를 보여주는 척도이다. 스스로에게 정직하다면, 우리가 근본적으로 믿는 바가 우리가 매일 살아가는 모습과 진짜 일치한다는 것을 인정하지 않을 수 없을 것이다.

이는 사람이 이전부터 가지고 있었던 가치들이 그리스도의 메시지를 듣는 데 방해가 될 수 있다는 뜻이다. 예수님께서 듣는 자들에게 '너희가 어떻게 들을까 스스로 삼가라'눅 8:18전 라고 말씀하신 이유가 여기에 있다. 그리스도의 말씀을 듣는 것만으로는 부족하다. 그리스도의 말씀을 명목상으로만 이해했다면, 진정한 그리스도인의 삶을 사는 데에는 실패할 것이다. 그러한 이해는 지적 겸손과 영적 배고픔이라는 필수적인 요소가 빠져있기 때문이다.

Living in Christ's Message
그리스도의 메시지 안에서 살다

예수께서 자기를 믿기 시작한 사람들에게 말씀하셨다.

> 너희가 내 말에 거하면 참으로 내 제자가 되고 진리를 알지니 진리가 너희를 자유롭게 하리라 요 8:31~32

헬라어로 '거하다'라는 말은 '메노μένω'로, '남아있다, 거하다, 묵다, 머물다, 혹은 거주지로 삼다'라는 뜻이다. 영어로 '거하다abide'라는 동사는 명사인 '거처abode'와 연결되는데, '집' 혹은 '거주하는 곳'을 말한다. 예수님께서 말씀하시는 것은 우리가 그분의 메시지(로고스)를 듣고 그저 동의하는 정도에서 끝나면 안 된다는 것이다. 예수님의 말씀은 반드시 우리가 실제로 살아가는 거처가 되어야 한다. 그분의 메시지가 곧 우리가 살아가는 방식이 되어야 한다.

우리가 누군가의 집을 방문하면 그 사람에 대해 많은 것을 알 수 있다. 집은 긴장을 풀고 가장 나다워질 수 있는 장소이다. 집은 개인의 취향과 가치를 보여준다. 집은 그 사람이 누구인지에 대해 많은 것을 드러낸다.

예수님은 자기를 믿기 시작한 사람들에게 이것에 관해 말씀하셨다(요 8:31~32 참고). 예수님은 그들의 '시작하는 믿음'이 '거하는 믿음'이 되어야 한다고 말씀하셨다. 주님의 메시지가 그들의 집이 되어야 한다. 예수님은 그들이 이렇게 하면 주님의 진정한(헬라어 아레소오스 ἀληθῶς, '진정으로, 실제로'라는 의미이다) 제자가 된다고 말씀하셨다. 다시 말해, '거하는 믿음'이 진짜 제자를 만든다.

10 메시지대로 살라

Knowing Truth
진리를 아는 것

예수님은 이렇게 진정한 제자도를 통해서만, 사람이 진리를 알 수 있다고 말씀을 이어 가신다. 이는 예수님께서 진리이시기 때문이시다. 예수님께서는 '내가 길이요 진리요 생명이니 나를 말미암지 않고는 아버지께로 올 자가 없느니라' 요 14:6 라고 선언하신다. 예수님께서 진리이시기 때문에, 그분과의 참된 교제 안으로 들어오는 자는 누구든지 진리를 알게 된다.

많은 사람들이 그리스도 안에 거하는 교제는 뒤로하고, 진리를 객관적으로 알기만 원한다. 그들은 예수 그리스도와는 상관없이, 통합된 진리 개념(unified field of knowledge)을 얻기 위해 애쓴다. 제한적인 인간의 지식으로도 많은 특정 사실들을 발견할 수 있지만, 궁극의 진리에 이르는 통합된 진리 개념을 발견하는 데는 실패한다. 오직 예수 그리스도와의 실제적이고도 참된 교제만이 부분적인 지식들을 삶의 의미와 목적을 주는 통합된 진리 개념으로 연결시킬 수 있다.

Incarnational Truth
성육신 하신 진리

예수님은 영원한 하나님의 아들이시다. 예수님은 성육신(incarnation)하심으로써 하나님이 누구이신지를 드러내셨다. 우리는 예수님을 앎으로써 참으로 하나님을 알 수 있다. 그리스도의 제자로서 진정 그리스도 안에 거하는 관계를 맺을 때, 우리는 그분이 진리이심을 이성적일뿐 아니라 경험적으로 알게 된다.

진리이신 예수님을 아는 것은 단지 이론 그 이상이다. 이는 신조나 교리를 되뇌는 것 이상이다. 이는 반드시 실제로 몸에 입혀져야 한다(incarnational). 그분의 진리가 우리 존재의 근본이 되는 궁극적인 가치체계가 되어야 한다. 그리스도는 우리의 삶이 되신다. 사도 바울은 이렇게 고백했다. "이는 내게 사는 것이 그리스도니 죽는 것도 유익함이라"빌 1:21. 이 말은 어떤 극단적인 광신도가 하는 말이 아니라, 궁극적 진리이신 예수님을 알고 깨닫게 된 사람이 할 수 있는 고백이다.

'진리'이신 예수님을 알아보게 될 때 우리의 가치체계가 전환된다. 예수님이 중심이 되신다. 그분의 근본 가치관이 우리의 가치관이 된다. 그분의 삶의 방식이 우리의 삶에 젖어들기 시작한다. 이렇게 예수님의 메시지가 우리의 삶에 입혀지고(incarnational), 예수님의 삶이 우리의 삶이 되어야 한다. 예수님의 메시지가 우리의 메시지가 된다.

The Gospel Must Be Heard and Lived
복음은 전해야 하고, 살아야 한다

'복음을 선포하는 것'은 제쳐놓고, '복음대로 사는 것'만을 지나치게 강조하는 사람들이 있다. 이런 사람들은 이미 그리스도의 복음이 많이 선포되었으니 이제는 그대로 살기만 하면 된다고 제안한다. 이것은 꽤 호소력 있게 들리지만, 간단히 말해서 진리가 아니다. 바울이 기록했다.

> 그런즉 그들이 믿지 아니하는 이를 어찌 부르리요 듣지도 못한 이를 어찌 믿으리요 전파하는 자가 없이 어찌 들으리요 보내심을 받지 아니하였으면 어찌 전파하리요 기록된 바 아름답도다 좋은 소식을 전하는 자들의 발이여 함과 같으니라 그러나 그들이 다 복음을 순종하지 아니하였도다 이사야가 이르되 주여 우리가 전한 것을 누가 믿었나이까 하였으니 그러므로 믿음은 들음에서 나며 들음은 그리스도의 말씀으로 말미암았느니라 롬 10:14~17

분명히, 복음대로 '살아야' 하는 것이 맞다. 바울이 기록했듯이 복음은 '순종'해야 하는 것이다. 그러나 복음의 메시지를 설교하는 사람이 없다면, 그 메시지를 들을 수 있는 사람도 없다. 들어 보지도 못한 예수님을 그들이 어떻게 믿겠는가? 믿음은 '들음'에서 나며, 들음은 그리스도의 말씀으로 말미암는다.

Hearsay Testimony Is Inadmissible
남에게 들어서 하는 증언은 효력이 없다

기억하자. 예수님은 그의 말씀을 듣는 사람들에게 분명하게 경고하셨다. "너희가 어떻게 들을까 스스로 삼가라" 눅 8:18전. 명목상의 믿는 자들은 복음의 사실을 듣고 지적인 동의만 했을 뿐, 아직까지 그리스도를 제대로 듣지 못한 것이다. 예수님이 누구이신지에 대한 옳은 의견만 가지고 구원이 이루어지는 것은 아니다. 옳게 추측을 할 수는 있지만, 추측은 추측일 뿐이다. 여전히 그들은 계시적으로나 경험으로도 그리스도를 모르고 있다. 그들이 알고 있는 정보가 진짜일 수는 있지만, 다른 사람이 하는 말을 들은 것일 뿐이다. 이런 증언은 남에게 들어서 말하는 것에 불과하다. 이는 개인적인 지식이나 경험에 기인한 것이 아니기에 믿을 만하지 않고, 증거로 채택될 수도 없다.

Revolutionaries Live Their Message
혁명가들은 그들의 메시지대로 산다

예수님은 혁명가이시다. 예수님은 메시지대로 사셨다. 예수님은 우리를 제자로 불러 당신이 메시지를 '듣고', 그 메시지를 '이해하고', 그 메시지에 '순복하도록' 하신다. 예수님의 메시지가 우리의 메시지가 되어야 한다. 예수님은 그분의 메시지로 살도록 우리를 부르신다.

복음은 메시지이다. 우리의 말과 삶을 통해 복음을 선포해야 한다. 참된 제자의 삶이 우리가 외친 메시지를 증거하고 증명한다. 그런데 우리가 메시지를 선포하지 않고, '살기'만 한다면 믿지 않는 세상이 어찌 복음의 메시지를 듣고 믿을 수 있겠는가? 반면에, 우리가 메시지대로 살지 않으면서 복음을 선포하기만 한다면 우리의 말은 공허한 울림에 그치게 된다. 왜냐하면, 그리스도의 삶의 방식에 온전히 헌신된 삶의 무게와 힘이 없기 때문이다.

혁명가들은 그들의 메시지대로 산다. 미국 독립전쟁 시기에 네이든 헤일Nathan Hale이라는 애국자가 영국에 잡혀 첩자라는 죄명으로 사형을 선고받았다. 처형 직전에 마지막으로 할 말이 있는지 물었다. 그는 즉시 대답했고, 그의 말은 지금도 명언으로 남아있다. "내 조국을 위해 바칠 수 있는 목숨이 하나밖에 없음이 안타깝소."

메시지를 말하라

이런 정치적인 혁명가도 그가 선택한 명분을 위해 이렇게 담대하게 살고 담대하게 죽을 수 있다면, 만왕의 왕을 따르는 우리는 그보다 더 담대해야 하지 않겠는가? 우리 각자에게는 단 한 번의 삶만이 주어졌다. 히브리서의 기자는 이렇게 기록한다. "한번 죽는 것은 사람에게 정해진 것이요 그 후에는 심판이 있으리니" 히 9:27.

이것은 우리가 그리스도를 위해 부끄럽지 않게 살 수 있는 '단 한 번의 가능성', '단 한 번의 기회'만이 있다는 것을 말한다. 언젠가 우리는 모두 그리스도 앞에 서게 될 것이다. 모든 무릎이 그 앞에 엎드릴 것이다. 모든 입술이 그를 주라 시인할 것이다. 그날에 어떤 이들은 기쁨으로 그리스도를 주님이라 고백할 것이나, 어떤 이들은 마지못해, 그리고 처절하게 후회하며 그리스도를 주님이라 시인할 것이다. 우리가 지금 예수님과 함께 고난을 받으면, 우리는 그때에 그분과 함께 다스릴 것이다.

당신은 무엇을 기다리는가? 이제 대가를 치르고 하나님의 어린양을 열정적으로 따를 시간이다. 다윗은 그의 형제들에게 말했다. "어찌 이유가 없으리이까?" 삼상 17:29후. 우리, 예수님의 혁명가들은 가장 위대한 뜻을 섬긴다. 그러므로 후회 없이 예수님을 담대하게 따르자. 기꺼이 기쁘게 대가를 치르고, 전적으로 그리스도를 위해 부끄럼 없이 살자. 그리스도의 메시지가 완전히 우리 메시지가 되게 하자. 예수 혁명가로서 그의 메시지를 우리의 말과 삶으로써 선포하자.

메시지대로 살라

Questions 토론을 위한
For 질문
Discussion

1. 예수님은 '말씀이 육신이 되신' 분이시다. 어떤 면에서 예수님의 성육신이 그분의 말씀과 삶을 통해 하나님의 천국 메시지를 전달하고 있는가?

2. 예수님은 하실 말씀이 많았지만, 이를 듣고 싶어하지 않은 사람이 많았다. 예수님의 말씀을 '듣는 것'뿐 아니라 '어떻게 듣는지'가 중요한 이유는 무엇인가?

3. 누구든지 하나님의 뜻을 행하고자 하는 자세가 있다면, 결국은 예수님의 가르침이 하나님께로부터 왔음을 깨닫고 이해하게 될 것이라고 예수님은 말씀하셨다. 왜 그러한가? 이것이 믿기를 꺼리는 회의론자에 대해 말해주는 바는 무엇인가?

4. 어떤 사람들은 자기가 고백한 믿음대로 실제 삶을 살기 위해 고군분투한다. 때로 믿음과 삶의 격차는 지적인 동의에 그친 명목상의 믿음이 낳은 결과이다. 왜 이러한 명목상의 '믿음'으로는 충분하지 않은 것일까?

5. 많은 불신자들은 예수님만이 '유일한' 구원의 길이시라는 데에 반박한다. 그들은 궁극적 진리에 이르는 또 다른 길을 찾고자 애쓴다. 그러나 '내가 진리다'라고 예수님은 말씀하셨다. 왜 예수님 밖에서는 궁극적 진리를 발견하는 것이 불가능한가? 단지 말로만이 아니라, 경험적으로 그리스도를 믿는 것이 왜 꼭 필요한가? 토론해보자.

6. 그리스도인들이 복음의 메시지대로 '사는' 것뿐 아니라, 이를 '선포'하는 것이 필수적인 이유는 무엇인가?

주

1 혁명가는 다르게 생각한다
1) 어거스틴 Augustine.

2 혁명가는 자원한다
2) Benson Bobrick, Fight For Freedom: The American Revolutionary War (Atheneum Books, 2004), p. 18.

3 불붙는 마음
3) Pass It On, by Kurt Kaiser; Copyright 1969 Bud John Songs, Inc.

4) Allen, A.C: (1967), The Skin: A Clinicopathological Treatise (New York: Grune and Stratton), second edition.
Barbet, P. (1953), A Doctor at Calvary: The Passion of Our Lord Jesus Christ as Described by a Surgeon (Garden City, NY: Doubleday Image Books).
Holoubek, J.E. and A.B. Holoubek (1996), "Blood, Sweat, and Fear. 'A Classification of Hematidrosis,'" Journal of Medicine, 27[3-4]:115-33.

5) Augustine, Confessions, Book 10, Chapter 29.

4 혁명가는 깨어있다
6) (역자주) 한글 성경에 '부흥하다 revive'라는 단어는 '소생하다', '소성하다', '다시 살리다'로 번역되어 있음.

6 어린양의 혁명
7) 존 스토트 『그리스도의 십자가』 IVP, p44

8 문화에 침투하다
8) vii C.S. Lewis, The Business of Heaven (Edison, NJ: Inspirational Press).

10 메시지대로 살라
9) Ten Homilies on the First Epistle of John, Tractate XXIX on John 7:14-18, Section 6. A Select Library of the Nicene and Post-Nicene Fathers of the Church, Volume VII by St. Augustine, Chapter VII (1888), translated by Philip Schaff.

10) 예를 들어, 요한복음 5:32~47절을 보라. 예수님께서는 우리가 예수님을 믿는 데 있어서 신뢰할만한 근거들을 주신다. 예수님을 향한 비평가들이 그분의 말씀을 들을 수 없었던 것은 그들이 이미 가지고 있었던 편견 때문이었다.